平和なる共生の世界秩序を求めて

加藤信朗

平和なる共生の世界秩序を求めて

―政治哲学の原点―

知泉書館

目次

目次

平和なる共生の世界秩序を求めて

——政治哲学の原点——

はじめに　政治哲学の確立を求める

敗戦後日ならずして田辺元は「政治哲学の急務」という論稿を公けにした。それからほぼ五十年、はたして日本に政治哲学は生まれたであろうか。残念ながら、生まれなかったというほかない。いまわが国の政治の混乱を見るにつけ、責任の一半は哲学者にあると言わざるをえない。日本の政治はいま明らかに激動している。戦後五十年、初めて日本の政治も動き出したのかもしれない。「追いつけ、追い越せ」という明治以来のモットーが初めて変わるのかもしれない。

しかし、先はまだ見えていない。明治期以後、欧化一辺倒、アジアの伝統牛命との断絶に日本の知識人はいつも苦しんできた。ナイフとフォークか、箸と味噌汁か、西と東の間に切り裂かれる自己分裂に漱石も鷗外も、そして、ほとんどすべての文化人が悩まされ続けてきた。

唯一、近代日本人のなかで根源思索を果たしえた西田幾多郎の哲学でさえ、アジア的知恵を欧風まがいの論理で粉飾したという限界を出ていないのかもしれない。それほどまでに文化生命の底層に入った亀裂は深い。アメリカ大統領がロシア大統領に「日本人がＹＥＳと言った時はNOという意味だ」と言ったという話は、たとえ座興のこととはいえ、重大である。つまり、日本人は明治百年を経ていまだに自分の考えていることを西洋人に分かるように説明することができないでいるのだ。

哲学者はいったい何をしているのだろうか。いいかげんに欧米の最新流行の思想の吸収、紹介にうつつを抜かしているのを止めたらどうだろうか。自分自身を見つめること、そして、その結果を誰にでも分かる言葉で表現するのはむつかしい。しかし、哲学とはそのこと以外の何なのだろうか。「政治哲学の欠如」ということに日本の哲学者の自己反省における欠陥はとりわけ如実に表わされていると私には思える。それは西田をも含めて日本の代表的哲学者について言える「無政治性」ということである。

しかし、哲学はそもそも古代ギリシャにおいて「政治への関わり」として出発していた。プラトンの幼少期は祖国アテネの没落をもたらした長期にわたるペロポネソス戦争の間に過ごされた。その敗戦の混乱時に生まれた反動的な専制政権の首領格にはプラトンの身内も含まれ、彼らは非業の死を遂げた。復活した民主政権は親しいソクラテスを裁判にかけ、死刑に処した。「現存する政権のいかなるものにも善いものはない。真実に哲学するものが政権の座につくか、もしくは、現に政権を持っているものが、もしかして、本当に哲学するようにならない内は、人類にとって不幸の終わることはない」という知見がプラトンを哲学に向かわせた。人間の本性は何であるのか、何によって人間の共同体である国家は「善い国家」であるのかという問題への原理的な考察が彼の哲学を終生貫いていた。アリストテレスにとっても人間に関わる哲学の完成は政治哲学にあった。

明治期以降、日本人がその内面において二つの世界のうちに生きてきたことが間違いであったとは思わない。むしろそのことが日本人の特性の本質であり、この特性の本質のゆえに、アジアの国々の中で日本が先駆けて近現代の欧米の科学と技術を吸収し、欧米の先進工業化諸国と肩を並べるに至ったのであろう。それは欧米諸国の驚異であり、アジアの国々の羨望である。しかし、日本人はそれを誇るだけであってはならない。何がそのことを可能にしたのか、自己自身の特性の本質がどこにあるのかを自分自身にも外国の人々にも分かるように説明することが大切である。

日本人の伝統的な生活と思考に合理性が欠けているとは思わない。しかし、合理性を持つとは自分のしていることを他人に分かる言葉で説明できるということだ。そして、それをするのが哲学の仕事だ。とりわけ、政治の分野でそのことができなければならない。そして、おそらく、その場合、日本文化はアジアの文化、とりわけ、中国の文化に養われて育ってきたということが反省の出発点にならなければならない。

この一文は戦後ほぼ五十年、永続していた自由民主党政権が終わり、新しく新生党が中心になって細川内閣が成立したときに、朝日新聞の「論壇」欄に投稿し採用され掲載された一文である（一九九四年八月三一日朝刊第四面）。いま二〇一三年も半ばとなり、それから二十年近くも経ているが、わが国の「政治と哲学」の現状はほとんど変わらずに過ぎているように見える。いまや時は三千年期に入り、世界の情況はさらにいっそう深刻な局面を迎えつつある。一昨年発生した「東日本大震災」（11・3・11と呼ぶ）における「原子力発電所事故」による災害は日本国内ばかりでなく全世界規模にさらに広がりつつある現状である。近代世界が誇ってきた「科学技術による全自然の征服」の「理念」はいま根本から考え直すことが求められているのではないか。このとき、「自然の内に、自然と共に」生きる「東アジアの文化伝統」に生きてきたわが国のひとが全地表のひとに発信すべきメッセージがあるのではないか。そこに真実の「哲学」の生命があり、そこにいま求められる「政治哲学の原点」がある。本論集に収める諸論考はほぼ二十年あまり、わたしの内に熟成してきた「政治哲学」の「理念」の集成である。心あるすべての方々にお読みいただき、率直なご批判、ご検討いただくことを衷心より願いたい。

第一章　政治の原点としての哲学

――いま日本の哲学に求められているもの――

Ⅰ　哲学は政治に無用か、政治は哲学に無縁か

哲学の歩みは人類の歴史の中でそれほど古いものではない。それは二千数百年前、古代ギリシャで知の探究の一つの形が定まった時に始まった。それは宗教と技術（芸術を含む）と政治が未分化のまま一つの神秘の知として融合していた古い知の形から人類が離れて、みずからの目で確かめ、理性の働きによって推し測りうるかぎりで、世界と自己の何であるかを探究し、内に確立されるみずからの知により大地に立つことをえた時に生まれた。それは自由としての知の端初であり、哲学の知の端初と人間の自由とは同根である。

みずからの目で確かめ、理性の働きにより推し測りうるかぎりの知とは科学の知である。それゆえ、科学の知が成立してくる過程で哲学は成立していった。また、哲学が成立してゆく過

程で科学の科学としての厳密な方法性も確立されていった。科学の成立と哲学の成立も、こうして、同根である。しかし、科学が厳密な方法性を獲得しえたのは科学が知の適用される範囲を一定の領域に限定することによってであった。科学には領域性がその成立の不可欠な条件としてあり、科学は常に個別科学である。しかし、人間にとってみずからが生きていることは疑うべからざる所与であり、すべての科学的、方法的な反省はこの「生きていること」を前提し、そこから出発する。とすれば、すべての科学的探究の基礎に措定されてあり、したがって、すべての科学的探究が関わる世界の全体がそこで与えられている原所与としての世界がある。それは経験と言語として与えられている全世界である。すべての人間に等しく与えられていることの原所与としての「生きていること」の根拠への問い、および、探究として哲学は成立する。哲学は科学と相携えて成立する。上述したように、科学の知と哲学の知は同根だからである。ところで、科学の知は特別な人の占有する特権的な知ではなく、みずからの手で触れ、目で確かめうることを知り、理性を働かせて推し測ることのできる人であれば、誰にでも等しく分かたれうる公共の知である。哲学が関わる原所与としての「生きていること」もそれゆえ、特別な人の占有する生ではなく、すべての人に等しく分かたれ、誰でもがこれを自分のものとして持つと同時に、他人もこれを共有するものとして確認しうる生である。すなわち、それは人みなが共に享受する公共の生である。この公共の生の確認は科学の知を前提とし、哲学の探究を通じて獲得された。人間にとっての原所与としての「生きていること」へと関わる哲学の探究は、それゆえ、各人に等しく分け与えられているこの公共の生の根拠への問いであり、また、この公共の生を成り立たせている秩序への問いである。公共の生を成り立たせ、秩序づけるものへの問いは政治の知への問であるから、哲学の探究は、それゆえ、もともと政治の根拠への問を本質的要素として内含するものとして成立していた。ギリシャ古典哲学がプラトン・アリストテレスの哲学として備えた形はこれを証する(1)。

プラトンの哲学は真実の政治の根拠の探究として始まり、政治への関心はプラトンにおける終生の哲学の営為を貫いていた。『第七書簡』はプラトンにおける哲学探究の初発の地点がそこにあったことを証し(『第七書簡』*Epistula* VII, 324b8-326b4)、『国家』篇を頂点とする初期・中期の対話篇群はこの動機によって貫かれている。後期対話篇においても『ソフィスト』、『政治家』、『ピレボス』、『ティマイオス』、『クリティアス』、『法律』の諸篇に見られるように真実の政治の基礎がどこに置かれるべきかの関心は一貫している(2)。アリストテレスにおいて倫理学が政治学の一部であったことは周知のとおりである(アリストテレス『ニコマコス倫理学(*Ethica Nicomachea*)』第一巻第二章1094a18-b11参照)。そして、私見では、アリストテレスにおける理論哲学と実践哲学の乖離は世に信じられている如くに決定的なものではなく、むしろ、ポリス共同体の内に哲学者の共同体が形成され、そこを源泉として理性の秩序がポリス共同体に現勢化されるところに、人間にとって可能な最終の善の達成が企図されていたと考えられる（同上箇所における *to ariston* と *he architektonike* の理念、および、第一巻におけるその展開、第八～九巻の *philia* 論、第一〇巻第九章、また『政治学』第一巻第一～二章 1252a1-53a39 を参照）。

わが国に哲学が新たに移入されて日が浅いというべきだろうか。明治以後百数十年という年月は決して短いとは言えない。しかるに、日本の哲学者の政治への関心はいまだに著しく薄い、あるいは、むしろ欠如しているとでも極言すべきであろうか。本号は『哲学雑誌』第百十巻である。しかし、明治二十年（一八八七）二月五日発刊の『哲学会雑誌』第壱冊第壱号以来、また明治二十五年（一八九二）六月十七日刊行の『哲学会雑誌』あらため『哲学雑誌』第七巻第六四号以来、今日まで約百十年を閲する間、筆者の管見しえた限りでは、同誌所載の論文で「政治」または「政治哲学」という術語を題名に含むものは皆無であったという驚くべき事実がある。(3) また、戦後設立された日本哲学会の機関誌『哲学』（第二号・一九五二～第四五号・一九九五）についても、まったく同じ事実がある。さらに、同じく戦後設立された西洋古典学会の機関誌『西洋古典学研究』（第一号一九五三～第四三号一九九五）に掲載された研究論文で、アリストテレスの『政治学（*Politica*）』をテーマとする論文は、創刊号（一九五三）に掲載された高田三郎「polis の physis 性と dikaion の physis 性」以後、原正章「アリストテレス『政治学』第Ⅷ巻の音楽論」（『西洋古典学研究』第三八巻一九九〇）を唯一例として他には一切存在しないという事実がある。(4)

この事実は、いったい、何を物語るのであろうか。明治期から今日に至る百年を越える間、日本の哲学者にとって政治のことは無縁であり続けたのだろうか。わが国のギリシャ哲学研究は未だ遅れていてアリストテレス『政治学』の専門研究が為されるには至っていないのだろうか。明治以後の日本の哲学を代表する西田幾多郎の主著に政治哲学は含まれず、西田の思索の内に哲学から発する政治の問題への明察が何一つ得られないことは何を意味するのだろうか。それは日本において、哲学は自己と世界の根拠への沈潜であり、瞑想でありえても、人間に達成されうる最終の善が政治共同体の内に実現されるものであること、また、これがいかにして実現されるべきであるかということの徹底的な反省を含みえなかったことを意味するのではないか。(5) 日本の哲学はその新たな移入以来百年余を経て、宗教的、個人的なものではあっても、善なる政治共同体の責を担うものとはならなかったのである。政治は哲学者にとって無縁なものであった、そして、そのような哲学が政治にとって無用なものであったということを、残念ながら、この百年余の日本の哲学の歴史は証しているのである。今、全国の国立大学において、「哲学科」という名称が消滅しつつある。哲学科の教官たちがこのことに公けに抗議したという話を聞かない。哲学者は政治家に対して無力なのであろうか。

Ⅱ　明治期における哲学の移入

西周、津田真道ら、幕府の蕃書調所に集った幕末の少壮学者たちが初めてヨーロッパの学問システムに接した時の驚きは新鮮だった。彼等はそこで見た「ヒロソヒ」に当たる学問研究がこれまでの儒学の伝統に見出されないことを敏感に感知していた。(6) しかし、彼等が洋行を終え、政府の要職につき、高官となるに及んで、この驚きは薄れていった。ひとびとはやがて古来の東洋の教え、儒学、仏門の教えにも「哲学」を見付け、古い日本の教学体系の内に哲学を融解していった。この時すでに日本における哲学の移入は危ない岐路に立っていたのではないか。なぜなら、哲学の知と科学の知の同根性という、古代ギリシャにおける哲学の成立の端初を形作っていた特性はここに見失われ、自由と、理性を備える限りの人々に等しく分けもたれる公共の生という、哲学本来の基盤は見失われていったからである。以後、「純正哲学」の思弁化、抽象化、宗教化、そして、非政治化という現象が起こった。儒学の伝統は復活し、道徳・倫理は哲学の外に古来の日本の道義を温存するものとして併置された(7)。そこから、「哲学科」・「倫理学科」・「美学科」の並置という、哲学本来の力動的生命を失わせる近代日本固有の歪んだ教育・研究体制も形成されていった。これは今日も東京大学文学部における「哲学科」、「倫理学科」、「美学科」の鼎立という研究教育体制の悲しい枠組みとして残っている。しかし、倫理学、美学を含まない哲学がどこの世界にあるというのだろうか。哲学を含まない倫理学、美学がどこにあるというのだろうか(8)。悲しい哉、それはわが国にあるのである。哲学の内的生命はこうして初めから失われ、息の根を止められていたのである。

このことはもとより明治政府が辿った足取りに添ったことであり、大日本帝国の形成過程の中で起こったことである。伊藤博文の主導による「大日本帝国憲法」の成立（一八八九）と元田永孚らの起草になる「教育勅語」の公布（一八九〇）はこの歩みを決定的なものにした。「帝国憲法」第一条「大日本帝国ハ万世一系ノ天皇之ヲ統治ス」、第三条「天皇ハ神聖ニシテ侵スヘカラス」。「大日本帝国憲法」の冒頭を飾るこの二条の下に置かれた哲学者たちがもはや政治に対して思考する自由を奪われていたとしても、この人達が責められるべきではないかもしれない。「帝国憲法」は失われ、「教育勅語」は廃された。いま主権在民を謳歌する日本国と過去の大日本帝国とは同一の国家なのだろうか。別の国家なのだろうか。国家の同一性の基準がどこに求められるかを人はアリストテレスに学ぶべきである。(9) 政体が変わればそれは別の国家だとするのが原則である。帝国憲法第一条と第三条の下に置かれていた国家と主権在民を唱える国家とは明らかに別の国家である。大日本帝国は明らかに敗戦と無条件降伏によって失われたのである。いま哲学者はこのことをはっきり認識すべきである。それが真実であるから。そうであるとすれば、いま哲学者たちは政治に対して、哲学の識見に基づいて発言する責任がある。政治は哲学にとって無縁なものではないはずなのである。そして、哲学者たちが責任をもって発言する時、哲学者は国家の良心となる。そのような哲学は政治にとって無用なものではありえない。これは哲学者が国際関係、法律、経済に関して素人であることに関係がない。政治がこれらのことの専門家に委されている時、一国の政治は歪んでゆき、道を失うのである。

Ⅲ　思想と哲学

「思想は哲学ではない」とわが畏友、井上忠氏は唱え続けた。おそらくその通りである。ところが、これまで政治に発言してきたのは思想家であった。「思想家」(「知識人」ともいう)とは何だろうか。宗教家、文学者、社会学者、経済学者、法学者……その他、何であれ一芸に秀で世評をえた人が人生と世界について見聞を積み、世界の動き、人生の生き方について一つの見識を備えるに至り、「一つの信念」に導かれて社会のことに対して発言する時、その人は思想家といわれる。しかし、彼等は哲学者ではない。なぜ、哲学者ではないのか。なぜなら、彼等は或る個別の領域についての専門知識、ないし、技能を備えているにしても、世界と自己の根拠全般について、みずからの「知」と「不知」を根底から吟味することをしてこなかったからである。もしも、そうした人の中に、それをしている人がいるならば、その人は哲学者である。大学の哲学教授でないとしても、また、過去・現在の哲学についての専門知識を備えていないとしても、この人を哲学者と呼ぼう。哲学者とはこのこと、つまり、もっとも大切なことについての自分自身の「知」と「不知」を根底まで吟味し続ける人だからだ。(10)これに対して、どんなに偉い大学教授であれ、過去・現在の哲学の専門知識を備えている人であっても、これをしていない人を哲学者と呼ぶことは止めよう。

明治以後の思想史を形作る人々はクリスチャンであれ、マルクシストであれ、文人であれ、いつもそういう思想家であった。大正・昭和期には法学者、政治学者、社会学者にそういう優れた思想家がいる。しかし、これらの人々は残念ながら哲学者ではない。思想家と哲学者の乖離ということに日本の精神界を形作る悲しい事実がある。政治に関して言えば、政治学者と哲学者の乖離ということである。これは上に見た日本における哲学の受容の過程の歪みに起因するのであろう。

Ⅳ　哲学の政治への関わり

しかし、法律も、経済も知らず、国際関係のことも、社会のことも知らず、およそ世界の現状について無知な哲学者が政治に対して何か意味ある発言をなしうるであろうか。国連の常任理事国になるのか、ならないのか、日米の経済摩擦をどう解決するのか、選挙制度、官僚機構をどのように改革するのか……これらが政治の問題であるとすれば、これらの問題について、わが国の大学の哲学教授たちが実質的な寄与をなしうるだろうか。政治家が哲学者に意見を求めようとしないのも当然だろう。哲学の先生方もそれは自分の専門外だと思っている。こうして、わが国の政治は世界に冠たる官僚機構と、得票術に長じた政治家たちと、日本経済を支える財界人に委ねられているのである。しかし、それは正しい国のあり方なのか。いまや、技術の飛躍的な革新によって、全地表が文字どおり一つのものになろうとしている二十一世紀に至って、そのような日本国の行き方が世界に通用しないものになっているのは火を見るより明らかである。財界人にはそれはもう歴然たる事実として映っている。しかし、官僚諸兄と政治家の諸先生にそれがどこまで分かっているのだろうか。孤立島嶼国としての自己求心性を抜け出ぬまま世界列強に追い付き追い越そうとした旧大日本帝国の政治姿勢がいまだに温存されているという観を免れない。官僚・政治家諸兄の「国益」中心主義とはそういうものである。いまはかつての大日本帝国ではないと政治家諸兄は口を揃えて言う。では、何なのだ。それが少しも分からない。日本には哲学がない、つまり、この国をどのような国にし、何処にもってゆこうとしているかの理念がないということが、隣邦諸国の明察ある人々の異口同音の嘆きである。ではこの哲学を政治家諸先生に求めうるであろうか、官僚諸兄に求めうるであろうか。それは無理だろう。政治学者に求めうるだろうか。例外を除いて、それも期待できない。哲学者がこの任を負わないで誰にこれを期待できるのだろうか。哲学者は目を醒まさなければならない。

アリストテレスの『弁論術（*Rhetorica*）』は教えている、弁論の関わる事柄は特定の専門技術のかかわる事柄ではないと（第一巻第一章 1354a1-3）。民主政治の機構が人類の歴史で初めて整備されたアテネの政治状況を基盤にして、そこでの議会討論をどのように行なうのかを主題としてアリストテレスは語っている。国の政治機構の基本をどのようにするかということ、また、戦争をするかしないかを弁論するのは専門技術の関わることではないというのだ。確かに、これらのことを論ずるのに、専門家の知識は役に立つだろう。しかし、そのうえで、どれを選ぶかは専門家の領域のことではない。それは市民が良識に従ってそのほうが「有益である」という判断を下しうる時にそれに従って為すべきことなのである（『弁論術』第一巻第三章 1358a36–b29 参照）。弁論術とは一定の専門領域を越えるこのような事柄について妥当に論ずるための論じ方の術である。つまり、政治のことは専門知識のことではなく、一般の人々の「判断」に委ねられていること、したがって一般の人々の責任だということが民主政治の常識なのである。国連の常任理事会への参加の問題にせよ、政治組織の問題にせよ、それは政治家という専門集団の問題ではなく、一般市民の問題なのである。それゆえ、一般市民の一人である哲学者の問題でもある。政治は専門家に任せるべき問題ではなく、すべての市民が自分自身の問題として引受け、熟慮し、討論し、お互いにもっとも合理的と思える合意を作りだし、決定してゆくべき事柄なのである。これは政治のイロハに属することであるが、これを明確にすることは政治哲学の最初の課題である。したがって、これが政治に対する哲学者の最初の責務になる。

しかし、これは市民の一人としての哲学者の責務に関することである。さらに哲学者が哲学者として政治に関わることがあるのだろうか。あると思う。これをその端初と終極という両面から考えてみる。哲学者が政治に関わることの端初は哲学者は真理の証人であるという責務である、政治に関わる真理の証人であるという責務である。

過去の大日本帝国と現在の日本国とが同一の国であるか否か、その断絶と連続が何であるかをはっきりさせるのは哲学者の責務である。国土が或る範囲で連続性を保ち同一であること、国民が或る範囲で連続性を保ち同一であることは国家が同一であることを保証しない（アリストテレス『政治学』第三巻第三章 1276a6–b15 参照）。仮に、敗戦の結果、日本がアメリカ合衆国の施政官の恒久的に統治する国家になっていたとすれば、日本という名称が同一であったとしても、国土と国民が或る範囲で連続性を保っていたとしても、同一の国家でないのは明らかである。「大日本帝国」は失われたのである。アメリカ「占領軍」——これを人々は「進駐軍」と呼んだ——の支配下にあった日本は明らかにそういう国だった。独立が回復されたとしても、帝国憲法が失われたのであれば、したがって、少なくとも帝国憲法第一条、第三条が失われたのであれば、明らかに国は変わった、つまり「大日本帝国」は滅亡して、別の国になったのである。これはいまの日本の政治に関わるもっとも根底の真実である。「支配権の源泉と構造が国家の政体を定め、国家の政体が国家の同一性を定める」というアリストテレスの原則(『政治学』第三巻第三章 1276b1-4)は正しいと私は思う。民族、種族の連続性と国家の同一性とは別種のものである。このこと自体すでに政治哲学の一つの問題である。日本の哲学者はまずこの辺から議論すべきである。これがはっきりしていないため、そして、国土がほぼ同一であり、住民の種族がほぼ連続性を保っているから、日本が千年を越える同一の国家だという思い込みが人々の内に潜在している。この辺に日本に政治哲学が生まれにくい一つの理由がある。「くに(邦・国)」と「国家」は区別するのが望ましい。

しかし、政体が変わり、国家が変わったからといって、過去の国家が行なった罪科と負い目を後の政権と国家が全く負わないでよいということはない。負債は次代のものが引き受けねばならない(アリストテレス『政治学』第三巻第三章 1276b13-15 参照)。

「大日本帝国」のために多くの人々の生命が失われた。それは尊い犠牲であった。そして、この犠牲のうえに、新しい「日本国」が生まれた。日本・外国の国籍の差別を越え全世界の多くの尊い生命の犠牲のうえに現在の平和はもたらされた。戦後五十年を記念していまを生きるすべての人々が祈念すべきはこのことである。そして「大日本帝国」が失われるために数多くの人々の生命が犠牲にならねばならなかったという事実を日本の人々はいま苦い思い出と共に噛み締めなければならない。それが「大日本帝国の滅亡」という真実に合致する唯一の真実の行為である。私自身の長兄も南太平洋で海軍軍医としての若い生命を捧げた。僅かの爪と髪の毛の一部を納めた白木の箱を上野寛永寺で受け、胸に抱いて、英霊の凱旋を迎える故郷の人々の列の前を歩いていった時、高校生の私の胸にはこの虚礼の白々しさが重くのしかかっていた。このような虚偽が一日も早く終ることを私は願った。新しい「日本国」の基礎の真実がそこにあった。

この点での誤謬に基づく誤った思い込みが最近の国会での不戦決議をめぐる無様な争いを帰結しているように思えてならない。ここでハンナ・アーレントによる「事実の真

(Tatsachenwahrheit)」と「理性の真理(Vernunftwahrheit)」の区別は重要である。[11] あの戦争が「侵略戦争」であったかどうかは後の歴史家が定めることだと人々は言う。しかし、数を精確に限定できなくても、「南京虐殺」があったという事実は事実である。この真実が真実でなくなることはない。これが帝国陸軍の行為であったのなら、それは帝国陸軍のした残虐行為であり、それが攻撃して侵入した外国で行なった行為であったのなら、それは侵略行為である。また、それが一連の戦争の一端であったのなら、その戦争はすでに侵略戦争ではなかったのか。「侵略戦争」を何と定義するかは別の問題であっても、「南京虐殺」という日本軍の行為があったことは事実である。この「事実の真(Das tatsächliche Wahre)」を認めることに政治の原点がある。この政治の原点を守り、証言すべきものが哲学者である。そこに哲学者の責任があり、哲学が政治に関わる端初がある。

戦争末期、私は徴兵検査は受けたが軍隊に入る前に戦争は終っていた。しかし、学校に派遣されていた配属将校が中国で捕虜を銃剣術の的にするのを当り前のように語るのを聞いた。校長は東大哲学科の卒業生で、神ながらの道に凝っていた人だったが、東京の上空に初めて飛来した米軍飛行士(一九四二年四月十八日、空母ホーネットを飛立って東京を初空襲したドゥリトル中佐の率いる航空部隊のことをいう。内、数人が中国に不時着して日本軍の捕虜となった）について、このような無礼者は直ちに処刑してしまえと全校生徒の前で語った。帝国軍隊内部の規律が仲間の間でさえいかに非人間的であったかについてはいつも聞かされていた。ひとは過去の帝国軍隊とその指導者たちが他の文明国軍に比べてどれほど非人間的なものであったかを認めなければならない。これを率直に認めることが「事実の真理」につく道であり、そこに政治の原点がある。

機会に恵まれて、一九九四年初めてソウルを訪れた。そこで見た事実は私の心を激しく揺すった。景福宮とソウル市街の間を遮ってそそり立つ旧朝鮮総督府の威容は日本政府の朝鮮支配の野望をそのまま象徴していた。それは北岳山の頂上から発して王宮をめぐり流れる「気」がソウルの市街に至るのを遮るためにそこに建てられたという。建物そのものは日本国内に例がないほど立派である。しかし、韓国の人々の心の内にそこから長く醸成されていった怨念を思って私の心は暗く、日本に一番近い友邦に対して旧日本帝国官僚の犯した非礼に深い悔悟の念に包まれた。これが植民地支配でなくて何であろう。この建物は近く取り壊されるということだった（一九九五年解体された）。しかし、親しい韓国の友人はそれはそのまま残した方が良いと言った。日本が何をしたか良く分かるからだという。少なくとも、私にはそうだった。百の説明よりも、一つの事実の持つ真実の力は大きい。「事実の真理」につくこと、その真理の証人になることは哲学者の使命だ。そこに哲学の政治への関わりの端初がある。

では、哲学の政治への関わりの終極は何処にあるのか。それは日本の国がいかなる国になるべきかの理念を定めることだ。東アジアの文化圏で誕生し、東アジア文化に育まれて成長発展してきた日本の国が「大日本帝国」という一つの苦い挫折の経験を経て、過去の歴史をふまえて、アジアの同胞諸国の中で世界の諸国と共にどのような国として新しい「日本国」を作ってゆくべきかの進路を見定めるべき仕事が日本の哲学者には託されている。アジアの諸国の中で先駆けてヨーロッパ諸国の科学と技術を吸収しえた日本人が、いま、全地表が一つのものになりつつある地球化時代の二十一世紀に当たって、世界の諸国の中でいかなる国になるべきかの指針を哲学者は考え、探究しなければならない。哲学は探究であって、教説ではない。哲学者がその知見に従って、託宣し、天下に号令せよというのではない。哲学はそのようなものではなく、そのような力も責めも哲学にはない。人間にとってもっとも大切なものが何であるかについてみずからの持ちうる「知」と「不知」の限りを根底から吟味し尽くし続ける営為の中で、哲学者の間で、また、関連諸科学者との対話の内に、また実務に携わる官僚・政治家諸兄との間に、真面目な実質的かつ持続的な探究と討論の場を開き、実際上の政治的施策がそこから発する基盤を準備すること、これが哲学者の責務である。狭い島国的意識に立て籠り、他の諸国に見られない純日本的なものを求め、これを誇り、人々に宣伝するというやり方はもう止めるべきである。広くアジアの隣邦諸国と世界の諸国の間に知己を求め、これらの人々との間に共通の了解を築きあげてゆかなければならない。これを為しうるものは哲学者を措いてない。

考えるべきことはいかなる国家が「よい国家」かということである。「よい国家」とは、その国の市民たちがその国に生まれ、住むことにより、「よい人」となり、「よい生活」を享受しうる国家のことである。そこで、この「よい人」とはいかなる人であり、「よい生活」とはいかなる生活なのかが問題となる。また、そのような「よい人」が「よい生活」を送れる国家の組織はどのようなものであり、また、これがどのようにして作り上げられうるかが問題となる。これは哲学の問題そのものであり、政治哲学の課題である。戦後「文化国家」、「平和国家」の建設が叫ばれ、いまも政治家たちは表向きそれを口にしている。しかし、その実質は何か。アジアの隣邦諸国との関係の中で、また、地球化時代の全人類社会の中でそれが何を意味するのかの実質は明らかではない。哲学者たちは戦後五十年間このためにどのような共同の探究を持続的に積み上げてきたのだろうか。しかし、プラトンとアリストテレス以後、ヨーロッパの哲学者たちは不断にこの問題の探究を続けてきた。政治史の曲折と共にそこには幾多のヴァリエーションも存する。しかし、ヨーロッパを構成する知恵はこのようにして形成され、それぞれの時代の政治的施策には成功と失敗が織り成されているとはいえ、それはいつも何らかこの不断の哲学探究に支えられ、裏打ちされていた。それが「ヨーロッパ」という人間の自由の確立の歴史である。時として独善的なヨーロッパ中心主義から発するさまざまなおぞましい錯誤が混在していたのも事実である。いまも欧米諸国は残存するこの錯誤の禍根に苦しんでいる。しかし、これが人類が作り上げた栄光と苦渋に満ちた一つの歴史であったことは否定できない。明治政府の建設者たちはこの点あまりにも安易に過ぎた。哲学者たちはあまりにも早く御用学者になり果てた。それは時代の限界であって、非難できないかもしれない。しかし、現代を生きるわたしたち哲学者にはそこから免責される余地はない。いまこそヨーロッパ政治哲学をその源泉にさかのぼって謙虚に粘り強く探究し始めるべきではないか。

この数年間、アリストテレスの『政治学』を学生諸君と一緒にゆっくり読み味わう機会を得て、あまりにも教えられることが多いのに驚いている。『政治学』はアリストテレスのもっとも優れた主著の一つだといまでは確信している。私自身ギリシャ哲学に長年携わる身でありながら、これまでまともにこの著作に取り組むことのなかったのを恥ずかしいと思う。私自身だけではなく、政治学者の労作を除き、専門ギリシャ哲学研究者の労作として、この書物に関する論文はあまりにも少ない。欧米の諸研究と比較すればその差は歴然である。これもわが国における哲学の跛行性、政治哲学の欠如を証する一つの事実である。

最近読んだ『政治学』第七巻の箇所にはどのような生活を「よい生活」と考えるべきかが論ぜられており、「観想の生活」と「実践の生活」とではどちらがより上位の生活であるかが一つの主題であった。そして、「実践の生活」に優位を置く国家は、或る場合、専制主義的な国制になり、隣国に対する専制主義的な支配を拡大することが国家の建前になると述べられていた（『政治学』第七巻第二章 1324b1-5）。そして、隣国の人々が欲すると否とに関わらず、どのようにしたら隣国の人々を支配し隷属させることができるかを考察しうることが政治家の仕事だと思うなどは常軌を逸しているとアリストテレスは述べている。また、隣国に対する支配が専制主義的なものである時、それは不正の極みであり、市民制的な支配であったとしても、隣国に対する支配は自国の人々の安寧な生活の障害になるという考えが紹介されていた（1324a35-38）。学生諸君にこの箇所を解説しながら、朝鮮半島を支配隷属させようとして画策していた明治政府の要人たちのことを思って、私は恥ずかしくてならなかった。これは二千数百年前にすでにギリシャの哲人が獲得していた知見であったのだ。ギリシャ哲学研究者を初めとして、哲学者も、政治学者も、社会学者も、官僚・政治家諸兄もいま謙虚にアリストテレスから学び、相互の忌憚ない討論を積み重ねてゆくべきである、これによって、哲学探究に根ざした政治的知見の合意をわが国の中に築き上げてゆかなければならない。この努力の積み重ねによって、「思想家」ではなく、「哲学者」が社会の中で持つ位置が明らかになり、哲学がわが国において本来の位置を取り戻しうる。そのとき、政治は哲学にとってもはや無縁なものではなく、哲学は政治にとって無用なものでなくなる。

アリストテレスに学ぶとは古代ギリシャという歴史的に限定された社会での政治に関する「思想」を学ぶことではない。哲学を学ぶとは自己を吟味することである。日本人であるわれわれが日本の過去と現在を顧み、政治に関わるかぎりのすべてにわたりその「知」と「不知」を原理から吟味検討することがなければ、アリストテレスの政治哲学を学ぶ余地はなく、政治哲学の研究は一歩も進まない。政治のことは自分にもっとも近く、自分がそれに担われていることである。それ故、それは自分にはもっとも覆われて見えにくくなっている事柄でもある。したがって、この反省は自己と自己の周囲を徹底的に暴いてゆくことなしには不可能である。ヨーロッパの思想、遠いギリシャの出来事に客観的に他処事として関わるのであれば、それは歴史研究、文化研究ではあるが、哲学探究ではない。哲学は自己の吟味である。日本思想史、日本政治史、日本文化史の吟味研究は、それゆえ、われわれの政治哲学の探究には必須である。これは果てしなく困難なことであり、哲学者一人の独力で成し遂げうることではない。現在、日本思想史の研究は花と開き、多くの尊敬すべき研究者を生み出しているのは慶賀の至りである。政治学者の中にもそうした尊敬すべき業績がある。しかし、この人々への哲学者の協力はいまだしの観がある。今、それを哲学者は始めるべきである。そこにこそ哲学本来の力動的生命が日本に生まれる場所がある。

第二章　公共性

――ギリシャ政治哲学の原点――

古代ギリシャ政治哲学の原点をなす「公共性」という観念について考えてみたい。古典ギリシャ語で、「公共なるもの」「共同なるもの」を表わす語はコイノン（*koinon*）である。この公共なるものを分けもつ人々の間に一つの共同体（コイノーニアー *koinonia*）が生まれる。公共性とは公共なるものを分けもつことであるが、この公共性という観念に古典ギリシャの政治哲学の原点はあったと考えられる。

英語 common は古典ラテン語 communus に由来するが、communus は munus（つとめ、職務）を共にするもののことであり、ここでも一つの共同の役割を持つということが common ということの根底にあり、同じ役割を共に持つことによって共同の community（共同性・公共性・ラテン語 communitas）というものが形作られる。また、英語 republic（共和国）は古典ラテン語 res publica に由来するが、res は「事柄」一般、ここでは「人が生きることにおいて関わりあっている事柄」であり、pubulica は populus（人民・国民）、より由来し、populus（人民・国民）に属する、の意味であるから、res publica は「国家（civitas）を構成する国民、人民すべてに属する公共のこと」、「国民、人民すべてに等しく関わる公共のこと」、つまり、「国家共同体」を意味している。

これら *koinon, koinonia*, communus, communitas, res publica という語はヨーロッパ政治哲学の根底にあり、これを根底から息吹き、作り上げてきた根本観念であったというべきである。

ひるがえって、日本語で「公共」を意味する「おおやけ」という語について考えてみると、「おおやけ」はもともと「大宅」、つまり、大きな家を意味し、豪族、貴族、朝廷の邸宅を意味した。それゆえ、「公のこと」、「公儀」はもと朝廷のことを意味したが、のち、武家政治の時代には、幕府のこと、それゆえ徳川時代には、それは徳川家のことを意味した。(1) この用法は「おおやけ」―「わたくし」の対語として日常慣用の用法に保たれており、「公私にわたって、お世話になりました……」はいまでも日常の挨拶語である。「おおやけのこと」は「わたくしのこと」ではなく、「わたくしごと」は「おおやけのこと」ではない。この二つを混同し、「わたくしごと」を「おおやけ」のうちに持ち込むのは公私の別をわきまえない度を外れた行ないであり、また逆に、「わたくしごと」に関して言えば、たとえば、家長は家の中ではすべてを「わたくしごと」として支配しうるのであり、他人はこの「他処様」のことに口出しするのは越権であると考えられる。――このような「おおやけのこと」と「わたくしのこと」という区別が日本語の「おおやけ」という語にはこの語の起源、および、長い用法によって付着しており、これを払拭することはなかなか容易ではない。そこに日本における政治哲学の成熟を妨げている一つの要因があるように思われる。

そこで、いま日本人が地球規模の社会の中で責任ある発言をし、責任ある行動をしなければならなくなっている時、ヨーロッパ政治哲学の原点をなす古典ギリシャの政治哲学における「公共性」の観念を源泉にさかのぼって反省してみるのはよいことである。

「ひと」は日本語の或る用法では「他人」であり、そこから、「人との関わり」というとき、それはまず「他人との関わり」であり、社会において、すなわち、会社、学校、役所、さらに、家庭のなかで「他人との関わり」（上役、同僚、友人、親、子、兄弟姉妹との関係）をどのようにすれば円滑にやっていけるかであると考えられやすい。しかし、このように「ひと」が日本語で或る場合「他人」であり、「人との関係」が「他人との関係」であるということのうちに、いま私たちが考え直してみなければならない問題があると思われる。そこで、この「ひと」のなかに自分も含まれているとしたらどうであろうか。そうすれば、「ひと」は「人間」を意味し、自分も人間であるから、当然、「ひと」のなかには自分も含まれていることになるだろう。そうすれば、「人との関わり」は自然に「人と人との関わり」ということになりはしないか。たしかに「人と人との関わり」は公のことであり、単に個人のことではない。しかし、だからといって、それは私と無関係なものでもない。「人と人との関わり」はそれぞれが「私」である人と人が関わって出来てくるものである。したがって、「人と人との関わり」というのは公のことであると同時に私のことであるという性質を持ってくる。つまり、それは人間と人間の関係なのである。ところで、このように「人との関わり」は「人間と人間との関わり」であるということをはっきりと自覚して生きたのが古代ギリシャ人であった。古代ギリシャ人における公共性という観念はそのようにして成立していた。

Ⅰ　ヘラクレイトスの『断片』

紀元前六世紀から五世紀に生きたギリシャの思想家、ヘラクレイトスの言葉に次のようなものがある。

『断片』二　「公共のもの（＝共通なもの）に随わなければならない。ロゴスは公共のもの（＝共通なもの）であるのに、多くの人々はそれぞれ自分の思い、考えをもっているかのように生きている。」

「ロゴス」とは「言われたこと」であり、「言葉」である。そこからそれは、さらに、「言葉によって言い表わされているもののそれぞれに固有なあり方」を言う。したがって、それは事物がどうしてそうなっているかということの「理由」、「根拠」を言い表わすものともなる。なぜなら、それぞれの事物に固有なあり方（＝本質）は、その事物が場合によって様々なあり方をとることの理由であり、根拠であるからである。したがって、それは、さらに、一般に物事がそれによって行なわれる「筋道」、「道理」をいう。それはものの「理」であり、物事の「理」である。「理」という語は玉偏であり、それはもともと玉に入っている石の筋目のことである。それゆえ、世界全体を玉と考えれば、そこに入っている筋目は、世界のうちにある物事の、或るものと他のものが分かれる筋目である。ロゴスとは、ものとものを分けている筋目であり、これによって、それぞれのもの、および、それらからなる世界が秩序づけられている筋目である。そこで、世界の物事がそれによって成り立っている筋目、筋道というものがあるとすれば、それは世界のうちにある物事のどれにとっても、だれにとっても共通のものでなければならない。すべてのものは同じ一つの世界のうちにあり、そのなかでその存在を保っているからである。人々が同じ一つの世界の中で生きているかぎり、人々の存在についても同じことがなければならない。このようにして、ヘラクレイトスのこの言葉はその前半で、世界に公共のものとして、世界のすべてのものがそれに随ってある同じ一つの「ロゴス」、「筋道」、「道理」があること、すべてのものはそれに随わなければならないことを述べている。

ところがこの文はその後半で、そうであるにもかかわらず、多くの人々は自分だけの「思い」、「考え」を持っているかのように生きていると述べている。自分の「思い、考え」と訳した言葉は、ギリシャ語の「プロネーシス（*phronesis*）」であるが、プロネーシスは横隔膜を意味する「プレーン（*phren*）」という語から派生した語である。ギリシャ人はある場合横隔膜に心の座があると考えていたようで、ここから、これは心の働きを表わす語になったようである。それゆえ、この場合、「プロネーシス」は「心の思い」ではあるが、個人個人に密着した自分だけの思いを表わしているようである。それゆえ、「公共のものとは関係なく、個人個人が自分だけで生きていて、あたかも自分だけの主観的な考えを持って生きているかのようだ」ということを、この一文の後半は述べていたのである。

いくぶん飛躍があるが、これを先ほどの話につなげると、たとえば、日本人には日本人の心があるといわれるとき、日本人は外国人には分からない日本人にだけ通ずる心を持っており、それによって生きていると、日本人が思うような場合がこれである。ところが、本当は世界全体に通ずる同じ一つの公共の道理がある。人はだれでもこれに随って生きなければならないというのがヘラクレイトスの教えていることであり、それは理性の道であり、理性を持つことの道である。つまり、理性とは世界に共通する公共の理に随うことなのだということである。

『断片』四十四「人々は法律をポリスの城壁であるとみなして、法律のために戦わなければならない。」

ここにはヨーロッパの政治哲学の基本にある法治主義、または、順法精神というものが鮮やかに表明されている。「法律」がポリスの城壁に喩えられていること、またこれがこれまで述べてきた「公共のもの」との間にもつ関係をよりよく理解するためには、古代ギリシャにおけるポリスの城壁がどういうものであるかを心得ておく必要がある。ギリシャを訪れたことがある人には容易に思い浮べられることであるが、たとえば、アテネを例にとると、中心には、アクロポリスといわれる截り立った岩山があり、そこに守護神アテネ女神の神殿、パルテノンが立っている。そのふもとにはアゴラと呼ばれる市民の集まる場所がある。アゴラはものが売買される市場であり、そこには店があり、両替屋があり、見せ物も出ていたかもしれない。また、様々な神殿もあり、役所もあった。アゴラは祭の場所であり、集会の場所であり、取引の場所であり、社交の場所であり、憩いの場所であった。アゴラは市民の公共の場所であったのである。アゴラを囲んで市民の家々があり、劇場があり、体育場があった——アゴラに当たるものはローマにもあり、ローマ人の作った街が元になって出来たヨーロッパの各都市には今もそれに当たるものが保たれている。これらのすべてを囲んで城壁があり、市民は城壁の中に住んでいた。城壁にはいくつかの門があり、外部に通じていた。外には村落があり、部落があり、農耕地、牧畜地があった。古代ギリシャで国家、つまり独立国家であるポリスは村落部落を含む全体であるが、村落部落を所有しているものは市民であり、市民は城壁の中に住宅を持っている。村落のほうにも自分のうちがあり、農業、牧畜その他を行なっているわけだが、商業、工業は城壁の中で行なっている。市民の共同体は城壁の中にあり、城壁の外は市民の日常生活の行われる範囲の外にある。それゆえ、敵が来たら、市民は城壁の中に立て篭って、城壁のところで敵を防ぐのである。

ヘラクレイトスの『断片』四十四で、法律が城壁に喩えられているのは、法律が共同体（*koinonia*）としての人々の生活を守るものだということを言うものである。外には無法状態があるかもしれない、しかし、内には法律というものがあって、理性に従って生きる人間の公共性を支えているのだということをこの断片は述べているのである。ギリシャ社会はそれ以前の社会に比べて、理性をはっきり打ち立てることによって成立した社会である。それは理性の自律性が確認されることによって成立した社会であるといえるが、そういう理性の自律性は公共性、つまり、人間が人間として共同に持っているものをお互いに大事にすることによって成立する。そして、このお互いが共同に持っているものを守るものが法律であるとこの断片は言っているのである。この精神を受け継いで、プラトンの最終作『法律』篇では、(7) 法律は「理性の分配」（理性を分配するもの）であると述べられている。

ひるがえって、わが国のことを考えてみると、たしかに、明治期以降、法律によって日本の社会は成立しているが、それでも、われわれ日本人にとって法律はどこか自分の外で成立しているような気がしているところがある。つまり、法律で定められたことは公のことではあるが、それは自分のこととは別のことだという気がしているのである。ここでも、「おおやけ」

と「わたくし」、「タテマエ」と「ホンネ」の二重性が機能している。だから、法律のことは表向きのことであり、それは適当にしておけばよいという考えがじきに頭をもたげてくる。だから、いくら法律を作っても抜け道ばかりを考えることにもなる。しかし、法律は抜け道を考えるために作られるのではなく、本当はそれを守るために作られるのである。だから、もしも、法律がまずいものであれば、それを良くしなければならない。法律というものは人々の共同のものを守るものであるのだから、もしも、それが共同のためにならないのであれば、それを直してゆかなければならない。そう考えるところに理性的な考えがあり、それにより人間の公共性は成り立つ。このことをはっきりさせたのがギリシャ人であったと考えられる。ヘラクレイトスという紀元前六世紀の終り頃に生きた賢者のものとして伝えられるこれら二つの言葉はギリシャ人の公共性の観念がどういう意味を持ち、どういう広がりを持っていたかを良く示している。

Ⅱ 「公共性」の観念の歴史的基盤

ヘラクレイトスの断片に表わされているこのような公共性の観念を生み出している歴史的基

盤として二つのことが考えられる。

一つはギリシャ科学の端緒を成す自然学の成立ということである。今日の科学の源泉は古代ギリシャ科学にあると考えられるが、このギリシャ科学の端緒は紀元前六～五世紀に成立したギリシャ自然学にある。この頃、ギリシャ人は経験にあらわなもの、したがって、知覚経験にあらわなものから出発して、世界がどのように成り立っているかを明らかにしようとした。熱いものと冷たいもの、乾いたものと湿ったものという、われわれ生物にとってもっとも基本的な知覚経験に与えられている、相反する二対の知覚性質は世界の全体がそこから成る基本の要素であった。これらの要素の結合によって生ずる四つの元素（火、空気、水、土）、また、これらの要素の結合分離によって生ずるこれらの元素の相互の転換――これらすべてのことがどのような秩序によって統べられているとき世界は秩序ある美しい全体となるのかを彼等は探究した。そこに、ギリシャ自然学は成立した。調和ある秩序は要素相互間の調和ある関係、つまり、それらの間の調和ある割合にある。「割合」（＝比例）をギリシャ語でロゴスという（ラテン語ではこれは ratio となる）。「比例」という考えはギリシャ人がとりわけ愛好したものであるが、世界は様々な要素から成り立っており、これら要素の間の調和ある比例関係によって、世界は「秩序ある美しい全体（コスモス *kosmos*）」になることを発見したところにギリシャ自然学がある。先に見たヘラクレイトスは自然学者でもあったが、すべての事物がそれによってなるロゴスとは、それぞれの事物を他の事物との関係で定めている秩序、割合にほかならない。ヘラクレトスのロゴスはこうして自然学を基盤とする世界の秩序を映すものだったのである。

第二には、ギリシャの政治の歴史の中で「立法家」（ノモテテース *nomothetes*）が果たした重大な役割がある。「立法家」（ノモテテース）とは文字通り「法律を制定するひと・法律制定者」という意味である。紀元前七世紀ごろ「七賢者」と呼ばれて、七人の知恵のあるひとの名前があげられることがあったが、これらの人々はたいてい立法家であった。つまり、ポリス（＝国家）を作るにあたってどういう法律を定めたら良いかの知恵を持っているひとがその頃、だれよりも「賢者」「知恵者」であると考えられたのである。ギリシャ人はこの時代多くの植民市を作ったが、それはまず法律を定めることによって行なわれた。つまり、法律を作ることがポリスを作ることだったのである。法律があって、ポリスがある（法律があるよりも先に国がある、あるいは、少なくとも国土があると考えられることの多いわが国の場合とは違う）。

ここにはギリシャの歴史が持った特別な事情も寄与していたと考えられる。ギリシャでは、歴史時代には、王はもはや存在せず、王の名前はただ伝説として記憶されているに過ぎない。アテネでも、その歴史時代は初めから貴族制であり、「王」という名称はすでにある種の事柄

（＝宗教的な事柄）を司る長官に与えられる名称であった。そしてポリスの成立は「集住（シュノイキスモス *synoikismos*）」によると言われている。「集住」とは、これまでばらばらにあった村落・部落が一緒になって一つのポリスを作ることであり、それゆえ、人々がどういう定りによって一緒になるのかという取決めがなければ、ポリスは成り立たない。この取決めが、すなわち、法律である。こうして、人々は守護神の社を高い丘のうえに立てて、その回りに移り住み、アゴラを中心に住居を定め、これらすべてを囲んで城壁を築いたのである。それゆえ、先にヘラクレイトスの言葉で、「人々は法律を、あたかも城壁と見なして、そのために戦わなければならない。」と言われるとき、これは象徴的であるとともに、きわめて具体的な意味を持っていたのである。法律とは「人々の集まり」である「共同性」を成り立たせるものだったのである。

Ⅲ　「プロタゴラス説話」――人類の成立史

プラトンの対話篇『プロタゴラス』篇の中に、プロタゴラスが、ポリスとポリスの法秩序の成立を人類の成立史の端緒から神話物語り風に説き起こして説明している箇所がある。これは、紀元前五世紀のソフィスト、プロタゴラスが対話篇の登場人物として語っているものであって、いかにもソフィスト、プロタゴラスらしい語り口で述べられてはいるが、それは全体としてあまりにも鮮やかに作り上げられており、作者プラトンの手がこれに大幅に加えられているのは疑いない。そこにポリス共同体を内から支えるものとしての「正義」と「法秩序」が人間存在の構造的なものとして神話物語り風に精確に彫り上げられているので、これを学んでおきたい。前半は次のとおりである。

「むかしむかし、神々だけがいて、死すべき者どもの種族はいなかった時代があった。だがやがてこの種族にも、定められた誕生の時がやってくると、神々は大地の中で、土と、火と、それから火と土に混合されるかぎりのものを材料にして、これらをまぜ合わせて死すべきものどもの種族をかたちづくった〔生物の発生の神話的自然学的説明〕。そしていよいよ、彼らを日の光のもとへつれ出そうとする時、神々はプロメテウスとエピメテウスを呼んで、これらの種族のそれぞれにふさわしい装備をととのえ、能力を分かちあたえてやるように命じた。しかしエピメテウスはプロメテウスに向かって、この能力分配の仕事を自分ひとりに任せてくれるように頼み、『私が分配を終えたら、あなたがそれを検査してください』といった。そして、この頼みを承知してもらったうえで、彼は分配を始めたのである。

さて、分配にあたってエピメテウスは、ある種族には速さをあたえない代わりに強さを授け、他方力の弱いものたちには、速さをもって装備させた。また、あるものには武器をあたえ、あるものには、生まれつき武器をもたない種族とした代わりに、身の保全のためにまた別の能力を工夫してやることにした。すなわち、そのなかで、小さい姿をまとわせたものたちには、翼を使って逃げることができるようにしたり、地下のすみかを与えたりしてやった。丈たかく姿を増大させたものたちには、この大きさそれ自体を、彼等の保全の手段とすることにした。そして同じように公平を期しながら、ほかにもいろいろとこういった能力を分配したのである。これらを工夫するにあたって彼が気を使ったのは、けっしていかなる種族も、滅びて消え去ることのないようにということであった。

こうして彼らのために、お互いどうしが滅ぼしあうことを避ける手段を与えると、今度は彼等がゼウスが司る諸々の季節に容易に順応できるようにと工夫してやることにして、冬の寒さを十分に防ぐとともに、夏の熱さからも身を守る手段として、厚い毛と硬い皮を彼等にまとわせ、またねぐらに入った時同じようにこれらのものがそれぞれの身に備わった自然の夜具ともなるように考慮してやった。さらに、履き物としては、あるものには蹄を与え、あるものには血の通わぬ硬い皮膚を与えた。それから今度は身を養う糧として、それぞれの種族にそれぞれの異なった食物を用意した。あるものには地から生ずる草を与え、あるものには木々の果実を、あるものにはその根を与えた。ほかの動物の肉を食物とすることを許された種族もある。そしてこの種族に対しては、少しの子供しか生むことを許さず、他方、これらの餌食となって減って行くものたちには多産の能力を付与して種族保存の道を計ったのである。

さてこのエピメテウスはあまり賢明ではなかったので、うっかりしているうちに、もろもろの能力を動物たちのためにすっかり使い果たしてしまった。彼にはまだ人間の種族が、何の装備も与えられないままで残されていたのである。彼はどうしたらよいかと、はたと当惑した。困っているところへ、プロメテウスが、分配を検査するためにやって来た。見るとほかの動物は万事が具合よくいっているのに、人間だけは、裸のままで、履くものもなく、敷くものもなく、武器もないままでいるではないか。一方、すでに定められた日もきて、人間もまた地の中から出て、日の光のもとへと行かなければならなくなっていた。

かくてプロメテウスは、人間のためにどのような保全の手段を見出してやったものか困り抜いたあげく、ついにヘパイストスとアテナのところから、技術的な知恵を火とともに盗みだして——というのは、火がなければ、だれも技術知を獲得したり、有効に使用したりできないからである——そのうえでこれを人間に贈った。ところで、生活のための知恵のほうは、これによって人間の手に入ったわけであるが、しかし国家社会をなすための知恵は持たないままでいた。それはゼウスのところにあったからである。プロメテウスにはもはや、ゼウスの住まうアクロポリスの城砦に入っていく余裕はなかったし、それに、ゼウスを守る衛兵も、恐るべきものだった。ただ彼はアテナとヘパイストスが技術にいそしんでいた共同の仕事場へひそかに忍び込んで、ヘパイストスの火を使う術と、アテナが持っていたそのほかの技術を盗みだし、これを人間に与えたのである。このことから、人間には生存の道がひらけたけれども、プロメテウスは、エピメテウスのおかげで、伝えられたところによると、のちに窃盗の罪で告発されることになったという話である。」（プラトン『プロタゴラス』篇 320d-322a, 藤沢令夫訳）

これがプロタゴラスによる神話風の解説の前半部であるが、ここには生物の様々な種族がそれぞれ適応によって特殊化し、分化してゆく様子が鮮やかに描き示されている。つまり、動物はそれぞれ特殊な能力を発展させることによって、その環境のなかで生きやすい力を持つようになっている。そこにいろいろな種族の動物の形がある。このようにして、動物の能力はすべて特殊のものである。特殊性ということによって能力は成り立っている。鳥は翼が強いことによって、飛ぶことができる。犬にはそれはできない。しかし、犬は強い前足を持っていて穴を掘ることができる。また、犬は匂を嗅ぐ力が強く、それで獲物を追跡することができる。それぞれの動物が持っている特別な能力は、それ一つを見ればどれも人間が持っている能力をはるかに上回っている。ところで、人間はといえば、こういう特殊な能力、装備という点からみれば、何も持たない、いわば、裸のままの状態でいる。

——これは人間の嬰児、赤子を見ればいちばん分かりやすいことである。人間の生まれ落ちた嬰児ほど自分を守る力を持っていないものはない。動物は生まれ落ちるとすぐに立つことができる。そして、じきに親と同じように生きるようになる。しかし、人間の場合はこれと異なっている。このことをこの話は神話風の説話（ミュートス）という形で鮮やかに言い表わしている。それはエピメテウスが能力を分配したからだと説明されているのである。「エピ（*epi-*）」には「後から」という意味があり、そこからエピメテウスは「後になって思い巡らし、計画するもの」の意味であり、いわば、後の祭りというわけである。これに対して、「プロ（*pro-*）」は「先立って、あらかじめ」の意味であり、プロメテウスは「あらかじめ思い巡らし、計画するもの」の意味である。そこで、この話では、プロメテウスはこのような結果になることを見越していて前もって計画していたことを実行に移すということになる。それは、天上の神々の住いに昇って行って、ヘパイストスとアテナの工房から技術的な知恵を火とともに盗みだすことだった。プロメテウスがどのように苦心してウイキョウの大きな茎のなかに隠して火を地上にもたらしたか、この人間愛のゆえにどのようにしてプロメテウスは窃盗の廉で神々から罰せられ、ヘパイストスの鎖によってコーカサスの岩山に縛りつけられ、禿鷹によって内臓をつつかれることになったかという次第はギリシャ神話に語られ、悲劇詩人の題材となったところである。

プロメテウスが神々のところから人間にもたらしたものはアテナとヘパイストスのところにあった火と技術だった。ヘパイストスは鍛冶屋として表象されるように、その術は火を用いてものを造る術、工作の術一般であり、アテナの技術はムーサイ（技芸の女神）の術一般、すなわち、それは文芸の術、詩を作る術であり、歌を作る術であり、音楽を作る術であり、その他工芸品を造る技術である。こうして、これら二神の術は技術全般である。

人間は他の動物と異なり、特殊な能力、特殊な装備によってではなく、この技術の力によって自己の生命を保つものとなったというのがこの物語の前段の教えるところである。

これを今日の人類の成立史の知識によって考えると、人類は直立することによって、手が自由になった。手が自由になることによって、道具を用いることになった。手はただ一つのことができるだけではなく、いろいろのことをすることができる。反対のこともできる。結ぶこともできるし、切ることもできる。打つこともできるし、撫でることもできる。突くことも、丸めることもできる。手には多様な能力があり、反対の能力がある。すなわち、手の働きは特殊ではなく、普遍的であるという点に人間のもつ手の特性がある。動物の能力はそれぞれ特殊であるが、人間の手は普遍（universal）の能力である。手を持つことによって人間は道具を使用しうるものとなった。手の持っている universal な能力に含まれている様々の働きを一つずつ特殊化し、機能化したところに、道具が生まれる。石の持っている様々な機能がそれぞれ特殊化され、固有な機能を持つものとして作り上げられることによって、石器が生まれる。旧石器時代がそこに始まる。これは今日の人類学の知識が教えるところであるが、技術が成立することによって、人間は世界に一つの秩序があるということを知り、知恵を獲得した、それによって生きる術を得たということを、この話は神話風の物語りにして、ものの見事に言い表わしているのである。

後半は次のとおりである。

「さて、人間には神の性格の一部分が分け与えられたので、まず第一、神に対するこの近しい関係によって数ある動物たちのうちで、ただ人間のみが神を崇敬し、神々のために祭壇や聖像をもうけることを試みた。ついでさらに、すみやかに技術によって、音声に区切りをつけて、いろいろの言葉をつくったし、また家や着物や履きものや寝具、そして大地から生ずる食物などを発見したりした。

これだけのものを自分のためにととのえていながら、人間は最初のうち、あちこちにばらばらに住んでいて、国家というものがなかった。そのために人間は、あらゆる点で獣たちよりも力の弱い存在だったから、その餌食となってしだいに滅ぼされていった。ものを作る技術は、人間たちにとって、身を養うためには十分な助けとなったけれども、獣たちとの戦いには、充分な役には立たなかったのである。ほかでもない、彼らはまだ、国家社会を成すための（政治的）技術をもっていなかったし、戦いの技術はそれの一部を成すものだから。そこで人間たちは互いに寄り集まり、国家をつくることによって身の安全をはかろうと求めた。だが、彼らは寄り集まるたびに、政治技術を持っていなかったため、互いに不正をはたらきあい、かくしてふたたびばらばらになって滅亡しかけていった。

これを見てゼウスは、われわれ人間の種族がやがてすっかり滅亡してしまうのではないかと心配し、ヘルメスをつかわして、人間たちに「つつしみ」と「いましめ」をもたらすことにした。その二つのものが国家の秩序をととのえ、友愛の心を結集するための絆となるようにとの計らいである。そこでヘルメスはゼウスに、どのような仕方で人間たちに「いましめ」と「つつしみ」とをあたえるべきかを尋ねた、

『どうしたものでしょう。これもやはり、いろいろな技術の場合と同じ仕方で分配したほうがよいでしょうか。ほかの技術は、こういうふうに分配されています。つまり、一人の人間が医術をもっていれば、たくさんの素人のために間に合うというやり方でして、ほかのいろいろな専門家たちについても同様です。「いましめ」と「つつしみ」も、この方式にならって人間たちに与えましょうか。それとも、すべての人間にのこらず、これを分配すべきでしょうか。』

『すべての人間にあたえて、誰でもがこれを分けもつようにしたほうがよい』とゼウスは答えた、『そうしないと、もしほかの技術と同じように、彼らのうちの少数の者だけがそれを分けもつだけなら、国家は成立しえないだろうから。さらにこれに加えて、「つつしみ」と「いましめ」をもつ能力

のない者があれば、国家の病根として死刑に処するという法律を、私の名によって制定してもらいたい。』」(『プロタゴラス』篇322a-d)

ここにはいくつかの興味深いことが述べられている。まず最初の段落で述べられていることは、人間がそれによって自己の生活を立てることができるようになった技術の知はもともと神の所有であったのだから、人間はこの技術の知を所有することによって神の性に与かるものとなった。そして、まさにこのことのゆえに、「数ある動物の中で人間だけが、神を崇敬し、神々のために祭壇や聖像を設ける」ものとなったということである。これは人類史の端緒における宗教の成立、また、道具の使用と宗教の端緒との同時性を主張するものである。

このことはまた今日の人類学の教える知見とも一致する。アルタミラその他の洞窟に残るリアリスティックな筆致の動物画像は、原始の人類がこれによって動物のもつ力動的な生命力を写し、これに与かろうとする、一つの宗教的な意味を持っていたとされる。また、初期の土器に見られる幾何学的な紋様も一つの秩序の表現である。これらは人類が道具を使用するものとなり、道具の分節に対応するものとして、自己の関わる世界内の諸事象の分節を体得してゆく過程において、自己の内に凝化してくる知の体現であったということができる。すなわち、道具の使用、技術の成立は、世界に一つの秩序があることの把握を含み、これと同時である。そして、世界を統べている秩序の把握はこれを体現し、表現することを必然に伴う。この体現、ないし、表現は原始の芸術表現であり、また、それは、直ちに、一つの魔術的な知の表現、つまり、宗教的表現となる。呪術の成立といわれるものがそれである。呪術は、かつて考えられたように、ただ非理性的な迷信ではなく、人類が原初に獲得した世界の理性的秩序の表現だった。ここでは技術と芸術と宗教は一つである。紀元前四世紀にプラトンがソフィスト、プロタゴラスの口を通じて語らせている説話は、はしなくも、この事情を十全に言い表わしている。すなわち、人類がそれによって生きることをえた技術の知はヘパイストスの知（工作の知）とアテナの知（技芸の知）であり、これによって人類は神の性に与かり、神を崇敬するものとなったとそこでは言われているのである。

さらに驚くべきことに、この説話は、人類における言語の成立がそれと同時であったことを喝破している。上述したように、道具の使用によってえられる道具の分節性の体得は、これに応ずる世界内の諸事象の分節性の体得を伴い、そこに凝化してくる知は、必然に、音声を単に同類間の呼び交わしの手段としてだけではなく、対象の分節に応じた分節性を持つものとして、すなわち、対象言語として形成し体現することを求めてくるからである。

ついで、第二段落の初めに述べられていることは、生きるための技術を獲得しても、人間はまだ「ばらばらに住んでいて、ポリスを作っていなかった」ということである。これは、ギリシャ人の記憶にある「集住」が行なわれる以前には、人間はばらばらに住んでいたということを言うものである。ばらばらといっても個人個人ばらばらという意味ではなく、男と女が一緒になって家を作るということはあるわけであり、また、家と家が集まって部落、村落を作ることも含まれているかもしれない。ただ、まだ、ポリスとしての共同体を作るには至ってないということである。そして、このことのゆえに、人間は動物に対して身を護ることができず、滅んで行った。それは、戦いの術はポリスを作る政治の術に含まれているからだと説明されている。このことの当否は括弧に入れておいて、ともかく、部落、村落におけるような血族的な結合ではなく、人間が人間として集まるポリスとしての結合を作ろうとしても、人間はまだポリスを作る術、つまり、政治術を持っていなかったので、人々は互いに不正を働きあい、その結果、また、ばらばらになって滅んで行ったといわれているのである。人間が人間として結び合う結びつき（＝ポリス共同体）を作るものがヘパイストスの術でも、アテナの術でもないということ、つまり、工作の術でも技芸の術でもないということ、一般に言って、それはいわゆる「技術」ではないという重大なことがここで主張されている。では、それは何なのか。ギリシャの政治哲学にとって、もっとも根本的なことが次の段落から末尾までで言われている。

ポリスを作る術、すなわち、政治術を与えるものは天上の神々を統べる主神ゼウスである。政治術として与えられるものは何か。それは「いましめ」と「つつしみ」である。「いましめ」と訳されているギリシャ語は *dike*（ディケー）であり、それは「正義」を意味し、「裁判」を意味する。すなわち、それは「人が人としてあるべき定まり」であり、「それによって人と人の間の結び付きが保たれる定りである」。ここではこれを「きまり」と訳しておきたい。また、「つつしみ」と訳されているギリシャ語は *aidos*（アイドース）である。それは *dike* としての「きまり」を感知するところから人が内に抱く内的な「おそれ」「つつしみ」「はじらい」の念である。ここではこれを「はじらい」と訳したい。このようにして、「きまり」と「はじらい」は、人が人としてあるべきことの、あり方それ自体と、それに関わる人のあり方を表わしていると言える。そしてこの説話では、この二つのものがポリスの結びつきを作るためにゼウスから人間に授けられたものであると言われている。すなわち、この二つは「ポリスの秩序をととのえ、〔人と人を結ぶ〕友愛の心を結集するための絆《きずな》」なのである。このことによって、ここで「政治の術（ポリスを作る術）」と言われているものが通常の意味での「技術」の範囲の外にあることは明らかである。それは人と人の間のあるべき定《きま》りと、この定りの根本的直覚なのである。これによってだけ、人と人は友愛の関係で結ばれ、ポリス共同体のあるべき秩序が築かれうるのである。

そこから末尾までの箇所は、この二つのものをいかに分配すべきかについてのヘルメスとゼウスのやり取りを写し、興趣深い。すなわち、それは、他の技術のように、わずかの専門家と多数の素人というように、少数の特別な人にだけ与えられればよいのではなく、ポリスを構成するすべてのものに分け与えられなければならない、そうでなければ、ポリスは成立しえないと言われているのである。それゆえ、もしも、この二つを持てないものがいるとすれば、その者はポリスの成員たりえないと言われているのである。この論はポリス成立の基盤を喝破したきわめて高尚な論であり、ギリシャ政治哲学の要諦を尽くしていると言えるであろう。それはギリシャ政治哲学の基盤をなす「公共性」の観念の成立根拠を言い尽くしているのである。

Ⅳ　アリストテレスの『政治学』

古代ギリシャの政治哲学の大綱を定めた著作はプラトンの『ポリテイア』篇（*Politeia*――こ

れは『国家』篇と通常訳されてきたが、筆者はこれを『ポリテイア』篇と訳すことにする。本書第三章七七頁以下参照）とアリストテレスの『政治学』（*Politica*）である。両著はその後長く読み継がれて、ヨーロッパの政治哲学を形成する古典となった。ここでは、われわれの主題である「公共性または共同体（*koinonia*）」の概念の根底を定めているもっとも古典的な箇所の一つである、アリストテレスの『政治学』第一巻の冒頭箇所を顧みておきたい。

『政治学』という著作の原名は、*Politica* であるが、*politica* とは、*polis*（ポリス共同体）に関わることども、*polis* に関わる諸研究の意味である。

その冒頭は次のように始められる。

「ポリスはすべて或る種の共同体（*koinonia*）であり、また、共同体はすべて何らかの善いもののために成り立っていることは現にわれわれの見ているところであるから、……すべての共同体が何らかの善いものを目指し、わけても、すべての共同体の中でもっとも主宰的なものであり、かつ、他のすべての共同体を包括する共同体が、すべての善いもののなかでもっとも主宰的な善を目指しているのは明瞭である。このような共同体がポリスと呼ばれるもの、すなわち、ポリス共同体である。」（1252a1-7）

「共同体」とは人と人の結びつきである。

ものとものを結びつけるものは何か。それは、あるいは紐であり、また、糊である。紐や糊による結びつきは外からの結びつきである。人の体と体は紐や糊によって結びつけうるかもしれないが、それは人と人を結びつけるものとはならない。また、たとえば、アリストテレスの哲学において、実体を構成する要素として形相と質料が区別され、これらを結合するものが何であるかが問題にされることがある。しかし、人と人の結びつきはこのような実体の構成要素間の結びつきでもない。それはそれぞれ実体である人と人の結びつきである。それでは、このように人と人を結びつけうるものは何か。「それは善である」とここでは述べられている。これは重大な立言である。「人と人の結びつきである共同体はすべて何らかの善いもののために成り立っている。」(1252a2)とそれは述べている。これは、逆に言えば、何らかの善、何らかの善いものがなければ、いかなる人と人の結びつきもありえないということである。碁仲間が寄り合うとき、そこには一緒に碁を打って楽しむという善いことがあり、それが碁仲間を寄り合わせている。商取引のために人が集まるのは、売り手と買い手が商取引によってそれぞれ自分に何か善いことが得られるから、そこに集まるのである。その他すべて同じである。人間と人間が、人間として結びあうことがあるとすれば、そこには、かならず、何か善いものが人を結びつけているものとしてあるという根本的な洞察がここには述べられているのである。

盗賊の集団だってあるではないかと言う人があるかもしれない。確かに、窃盗は悪いことであるが、それが何らかの善いこと、たとえば、財の獲得と見なされるかぎりで、そこに盗賊の集団は形成されるのである。しかし、それが窃盗であり、悪いことであるかぎり、こうした結合は壊れやすい。しばしば、仲間を裏切り、だれかが利益を独り占めしようとするということが起こりやすいのである。

さて、このように、人と人の結びつきである共同体は、どれを取ってみてもすべて、何らかの善いもののために成り立っているということが、一般的な経験的事実として、われわれの見るところであると指摘された後——ポリスがすべて、どれを取ってみてもある種の共同体であるということ、つまり、アテネの場合も、スパルタの場合も、テーベの場合もそうであるということは、すでに一般的な経験的事実の一つとして指摘されていた——この第一行は、その後半で、これらすべての共同体を主宰し、これらすべての共同体を総括するものであるポリス共同体はすべての善を主宰する善を目指して成り立つと断言する。

これはアリストテレスの政治哲学の、いわば、終極である。それはまたギリシャ政治哲学の帰趨するところでもあった。しかし、ポリス共同体がすべての共同体を主宰し、他のすべての共同体を総括するとは何を言い、また、それがすべての善を主宰する善を目指すとは何を言うのか、また、そもそも、「すべての善を主宰する善」とは何のことなのかは、ここでは、まだ何も言われていない。それは『政治学』の論述が全体として解き明かそうとすることである。これを著者アリストテレスはみずからの到達した結論として初めに提示し、そこから論述を始めているのである。

ついで、アリストテレスは、ポリスがどのような共同体であるかをその自然本性上の成り立ちにしたがって解き明かす。――この部分は、アリストテレスにおける事物の自然本性的な成り立ちの考察方法の到達した最高峰を示している。それは、われわれにもっとも近い具体的な事象である「ポリス共同体」に則して、この事象を構成している最小の要素にさかのぼってこれを分析し、ついで、その要素から順次その自然本性的組成を追うことによって、その成り立ちを説明するものであり、アリストテレスの自然本性的な分析と綜合の方法の白眉の実例である（1252a18-23 参照）。よって、その論述をすこし辿ってみたい。

（1） 家

アリストテレスによれば、ポリス共同体、つまり、人と人の結びつきの全体を成す最小の要素は、互いに相手なしにはありえない人と人の結合体である。それは、生殖のための男と女の結合と、保全のための主人と奴隷の結合である。この二つの結合によって「家」という共同体が形成される（1252a26-b15）。ここで個人ではなく、人と人の結合のもっとも要素的なものが社会を構成する最小単位として捉えられていることに注目したい。アリストテレスの社会哲学は原子論的ではなく、いわば、分子論的である。個人は共同体を構成する、いわば、原子的な要素ではある。しかし、抽象的な「ひと」一般である個人が社会の要素的な単位なのではない。そうではなく、もっとも具体的な最小単位である人と人の結合の要素として、「ひと」はまず「男」と「女」として捉えられ、それらは互いに相手なしにはありえないものと規定される。その結合は「生殖のため」、つまり、「種族の保存のため」である。このような人間共同体の構成の考察の地平がアリストテレスの考える「自然本性的」な考察の地平である。「男」は「女」なしにはありえないもの、「女」は「男」なしにはありえないもの、そして、これは「種族の保存のため」である。したがって、その結合は必然なものである。この結合は「各自の選択によるのではなく、自分と同じようなもう一つのものを残したいという欲求が、他の動物や植物にあるのと同じように、人間にも自然的なこととしてある」（1252a28-30）からだと説明されている。そこには「必然」と「目的」の合一というアリストテレスの存在論の基本命題の鮮やかな具現がある。

ついで、互いに相手なしにありえないもう一つの結合として、主人と奴隷の結合があげられる。それは本性上支配するものと、本性上支配されるものとの結合であり、この結合は「保全のため」、つまり、「日常の生活の必要のため」といわれる。ここで、思考力によって未来を予知しうるものは本性上支配するものであり、身体労働によってこれを助けるものは本性上支配されるものであると言われる。これにより、主人と奴隷は互いに相手なしにはありえない結合として、これも社会の最小単位であると考えられている。この論拠は古代ギリシャの奴隷制社会を基盤とするものであり、その後近代においても奴隷制擁護の論理として踏襲された。ここでは、このような歴史的制約は差し当たり括弧に入れておき、ここに「種族の保全のため」とは別に、「日常の生活の保全のために」必然なものとして生ずる人と人の結合があるという洞察が含まれていることに注目しておきたい。それは人間の存在に必然なものとして含まれている「労働のため」の結合である。

これら二種の結合、すなわち、種族の保存のためと、日常の生活の保全のための結合から構成されるものが「家」という共同体である。

社会の構成をこのように家から始めるということはその後の社会学的考察の常套となったため、このアリストテレスの思考法の特性が一般に意識されない嫌いがあるが、これをプラトン『ポリテイア』篇における（いわば思考実験としての）最小のポリスの建設の手続さと比較してみるとき、アリストテレスの思考法の特性は明らかである。『ポリテイア』篇では、人の共同体の最小の単位を考えるために次のような手続きが取られている。まず、人間は一人で自足するものではなく、他の人々を必要とすること、そして、このように互いに他を必要としている人々が集うことからポリスが形成されてくるという原理が述べられる。ついで、人間の必要には食物と、住居と、衣服の三つのあることがあげられ、これらを供給するものとして少なくとも農夫と、大工と、織物工の三者が必要であるとされる。そして、これらの人々、あるいは、さらにこれらの人々に靴作りを加えた人々から共同体が構成される。このようにして、最小のポリスの構成員は、すくなくとも、四人、ないし、五人であろう……というやり方で考察が進められてゆく（『ポリテイア』篇第二巻 369b5-e1)。人間が自足するものではなく他の人を必要とするという点では、それはアリストテレスの『政治学』における考察の出発点と同じであるが、人間の必要の基本の三種（衣食住）があげられ、これらを供給する職人の共同体がポリスを構成する基本の最小単位として考察されてゆくという手続きにおいては、それはアリストテレスにおける、先に見たものとは趣を異にしている。それは人間の必要に基づく、実用論的な人間共同体の構成の考察であり、分業の原理が「多からなる一」の構成原理となっている。このような考察法がプラトン『ポリテイア』篇の考察の地平とどのように関係しているのかはしばらくおき、ここでは、アリストテレスの考察法が人間の自然本性に則した考察法として水際たって鮮やかなものであること、それは、アリストテレスの方法一般の特性である自然本性的考察法の鮮やかな範例であることに注目しておきたい（cf.1252a18-26）。

（2） 村落、部落

ついで、いくつか多数の家が集まって作られる共同体は「村落」、「部落」であるといわれる。それは、一方において、「その日その日の必要のためのものではない」結合であるといわれる（1252b15-16）。「村落」がその日その日の必要のためではない結合といわれるのは何を言うのだろうか。「むら」の結合を「むら」らしくしているものは何かといえば、それは、たとえば、「祭り」であろう。「祭り」はその日その日の必要のためではなく、一年の行事として、村落共同体の一年間の豊作、豊漁を祝い、また、祈念して行なわれるものである。それは宗教的な行事であり、村落共同体の結合には、おそらく、いつも、そのような宗教的結合という要素が含まれている。アリストテレスの論述にこの点への明示的な言及はないが、それは当然、そこに内含されていると思われる。なぜなら、それは、古代ギリシャを含めて、古代社会一般に共通なことだからである。そして、これは、村落共同体において「労働」は必然に共同的なものであり、この共同性を支える「威力（sanction）」として宗教があるからである。以上は村落共同体を構成する、いわば、形相的な要素を言ったものである。

これについで、村落共同体の構成が、いわば、その質料的な要素によって語られる。つまり、「家」から分かれて「分家」が生じ、また、その「分家」の「分家」というようにして、多数の家から一つの血族共同体として「村落」が形成されると説かれている。そして、まさにそれゆえ　村落共同体の統一を支えるものは家長的なもの、つまり、王制的なものであると説かれている（1252b16-27）。

（３）　ポリス（ポリス共同体）

ついで、多数の村落が集まって最終の共同体が作られるとき、それが「ポリス」であるといわれる（1252b27-30）。ここには、散在していた村落、部落が寄り集まって、ポリスを作ったといわれるギリシャにおける「集住」の記憶が基在している。しかし、それがなぜ最終の共同体であるのか、また、それがなぜポリスと呼ばれるのかという理由は、冒頭の一文におけると同じように、ここでも十分に明らかにされているとは言い難い。しかし、ここには、ともかく、一つの理由があげられている。それが「最終の（*teleia*）」と呼ばれるのは、第一にそれが「自足（*autarkeia*）」の極に達していること、つまり、それは完全に自足していて、もはや他のものを必要としていないことのゆえであり、第二に、それは「生きること（*zein*）のため」に生成してきたものではあるが、いまや、それは「よく生きること（*eu zein*）のため」に存在するのだと断言されている。

「生きることのため」と「よく生きることのため」の区別、および、人間の共同体は「生きることのため」にあるだけではなく、「よく生きることのため」にあるのだということはアリストテレスの政治学の根本命題であり、それは人間存在に関するアリストテレスの根本洞察を表明している。「自足」とは、そのように「よく生きること」が完成しているところでだけ言われているのである。つまり、人間の集団が次第にその大きさを拡大していって極点に達したとき自足するというようなことは考えられていない。ギリシャに先立つアジアの諸帝国（エジプト・ペルシャ）が自足する最終の人間共同体であるとは考えられていない。それらは、むしろ、「家」または「村」の範囲が大きくなっただけのものであると考えられており、それゆえ、それは王制的な支配によって統べられているのだといわれている（1252b19-20）。これは先進アジア諸帝国に対する古典ギリシャ人の「自由」の自負の表明である。したがってまた、人間の共同体が日々の必要を充たし、経済的自律の段階に達しているとき、それが最終の自足の状態にあるとも考えられていない。「自足」とは「よく生きること」の完成によってだけある。それが人間が「理性」、「精神」を持つことの意味であり、人間の共同体は、人間が理性を持つことによって成り立つということの意味である。この点はこの『政治学』の冒頭箇所で更に展開されている。(3)

ここに有名な「人間は自然本性上、ポリスをなす動物、つまり、ポリスを作って生きる動物（*physei politikon zoon*）である」という一文（1253a2-3）が述べられているのであるが——この一文を「人間は政治的動物である」と訳すのは誤解を生む翻訳であり、誤訳である——この一文は「動物のなかで、ただ人間だけが言語をもつ動物である」という一文（1253a9-10）と一組をなし、互いに補いあって、人間の自然本性を闡明するものとなっている。

「言語をもつ」ということは人間のあり方の中で他の動物と異なる明白な事実を述べたものであるが、「人間が言語をもつ」とは、次に説明されているところから明らかであるように、「人間が理性的な判断をもつものである」ことを言っている。つまり、「言語をもっている」とは「理性をもっている」ということを表わす事実なのである。それゆえ、これら二つの文が一組のものとして述べられているということは、「人間がポリスを作って生きる動物である」ということは「人間が理性をもつものである」ことに基づき、人間は「理性をもつものである」ことによって「ポリスを作って生きる」ものとなるということを言っている。つまり、「ポリス」と「理性」は互いに相即するものとしてここで述べられているのである。このことは、「ポリス共同体」が「自足の極に達した完全な共同体」であり、そこにおいて人間の「よく生きること」が実現されるという上述の主張を理解する上で重要である。そこで、この連関がどのようなものとして述べられているかをもう少し見ておきたい。

「言葉をもつ」ということは次のように説明される。音声は「快」と「苦」を表明する記しであり、したがって、それは人間以外の動物にもある。これに対して、言語は「有益なこと」と「有害なこと」を明らかにするものであり、したがって、そのことに基づいて、それは「正しいこと」と「不正なこと」を明らかにするものにもなると言われている（1253a10-15）。そして、つづいて、このこと、つまり、「善いことと悪いこと（善悪）、正しいことと不正なこと（正不正）、その他このようなことどもを覚知しうることは、他の動物と異なり人間だけにある固有なことであり、これらのことども［の覚知］を共有することが家を作り、ポリスを作る」

といわれる（1253a15-18）(4)。

ここには人間の自然本性に関するアリストテレスの極めて重要な基本的洞察が表明されている。

まず、音声は「快」と「苦」を表明する記しであるが、言語は、音声と異なり、「有益なこと」と「有害なこと」を明らかにするといわれる。これは何を言うものであろうか。音声が「快」と「苦」を表明する記しとして動物と共通であるということは分かりやすい。飢えと飽満が快と苦を表明する音声となり、雌雄の呼び交わす声が何らか快苦に関係しているのは見やすいところであろう。しかし、言語が「有益なこと」と「有害なこと」を表わすとは何を言うのだろうか。そもそも、快・苦と有益・有害とでは何が違うのだろうか。快なることは「あの味」「あの香り」「あの声」等というようにそれぞれ単独な一つの事柄に関係づけられているということができる。「あそこで、あのようなとき、あのようなことがあった」というような複合的なことが快として受け取られることはあるが、それでも、それはその複合されたことが何らか単一な単位をなすかぎりで快として受け取られているのである。苦についてもこれは同じである。

これに対して、有益なことには、「何かが何かに対して」という二つ以上のものの間の関係が本質的なこととして内含されている。「作物が実るために」、「この肥料」が有益なのであり、「適切な時期」に、「適切なところ」に種をまくことが有益なのである。つまり、そこには目的論的な連関で結ばれている二つのことが存在する。有害なことについても否定的な関係で結ばれるこの連関がある。つまり、有益・有害が判別されているときには、まず、別々のこととして把握されている二つのことがあり、そしてこれら二つが目的論的な連関によって結ばれるのである。分別と結合、分析と総合という働きがそこにはある。このことが、まさに、「判断」の成立ということであり、それは理性の働きによるのである。それが「術」の成立、「技術」の成立ということである。言語の働きは、このようにして、ここでは、快・苦の表明としての音声の働きと区別され、まず、実用論的な連関における分別と結合の理性の働きを代表するものとして考察されている。(5)

では次に、言語はこのように有益・有害を表わすものであることによって「善いもの」と「悪いもの」、「正しいこと」と「不正なこと」をも表わすものとなるのはなぜなのだろうか。

有益・有害が目的論的な連関における事象間の「よいこと・わるいこと」になることは見やすいことであろう。作物の成育にとって「よいこと・わるいこと」は「有益なこと・有害なこと」と同義である。しかし、作物の収穫が農夫にとって「よいもの」であるというときの「よい」は、上の作物と肥料のような目的論的な連関における事象間の「よい」とは意義を異にする。これも何らか目的論的な連関であるとは言えるが、この場合の目的論は事象間の目的論ではなく、「よいもの」（財）とこれを所有する人との関連における目的論である。したがって、それは上の意味での有益・有害を統括する技術の範囲におけることではない。それは、優れた意味での、人についてある「善く生きること」がそこで成立するものとしての知の範囲にあるものである。人間が理性をもつということは自己をもつということであり、世界内の事象への人間の関係は、人間において、常に自己への関係に関係づけられるものであるかぎり、「よいもの」が自己にとって「よいもの」という意味を含むのは当然である。そして、この自己が孤立して存在するものではなく、共同体において存在するものであるかぎり、「よいもの」は他人と共有するものなのであり、そのことによって、この共有の秩序を定めるものとして「正」「不正」という判断が必然に生ずる。「よいもの」を共有する共同体において「正・不正」の正しい秩序が支配するところ、そこに「ポリス」が成立する。「善悪、正不正、その他このような価値秩序の覚知を共有することがポリス共同体を作る」（1253a18）といわれるのはこのゆえである。ポリス共同体とは、理性を共有する人々の間に、理性の支配によって成立する共同体だったのである。アリストテレスの『政治学』がその冒頭で解き明かしているポリス共同体の自然の本性はそのようなものであった。それは人間における公共性の理念を人間の自然の本性に従って根本から解き明かしているといえるであろう。

第三章　「理想国《ユートピア》」論への視座
――三大著作の収斂点をめぐって――

古典期ギリシャの「政治哲学」を代表する著作として、プラトンの『ポリテイア（*Politeia*）』篇と『法律（*Nomoi*）』篇、およびアリストテレスの『政治学（*Politica*）』がある。[1]『ポリテイア』篇はプラトンの壮年期の著作であり、プラトンの主著ともいえる著作である。『法律』篇はプラトンの晩年の著作であり、完成をまたずプラトンは没したため、弟子たちの手で最終の校訂が加えられ、完成されたといわれる。アリストテレスの『政治学』はその構成全体については、後に述べるように、その一貫性について問題があるが、アリストテレスの主著の一つであることは疑いない。

これら三著作はいずれも大著であり、これらが古典期ギリシャの「政治哲学」を代表することとは論をまたない。これら三著の構成の大要およびそれぞれの固有性を摘記し、相互の関係を述べ、前章で述べたような「ギリシャ政治哲学」の全体がどのような構造を持つかを概述したい。

　これら三大著作はその後、ヘレニズム期、ローマ期、ヨーロッパ中世・近代期を経る過程において、三大著作が常に同時に一括的な影響を与えたのではなく、各時代、各地域にそれぞれの著作が固有の影響を与え、また、与えなかったという事実がある。この事実はヨーロッパ精神史の諸過程を経て形成されてきた現代世界のあり方をただしく理解するために重要である。それゆえ、今日、全地表化した現代世界において、人類全体の「共生と平和」の秩序を作り上げる方途を明らかにするためにはこれら諸点の解明は重要である。

　本章はこれらの諸点を総括する一視点を与えようとする。すなわち、これら三大著作はそれぞれの固有性をもってはいるが、同時に、古典ギリシャ政治哲学を代表する著作として、同じ一つの収斂点に向かっていることを示そうとする。また、この収斂点が見失われるとき、各時代、各地域に形成される政治哲学には或る一つの歪みが生まれることを示唆しようとする。第一章「政治の原点としての哲学」で述べた明治期以降のわが国における「哲学」探究の跛行性は、まさにこのさまざまな曲折を経て辿ってきたヨーロッパ精神史の十九世紀の一齣に過ぎない一局面に素朴に追随するところから生じたのではないかと思うのである。

I　これまでわが国で『国家』篇と訳されてきた *Politeia* の意味について

はじめに *politeia* という古典ギリシャ語の意味にあらためて目を注いでおきたい。*Politeia*（『ポリテイア』篇）はプラトン中期の主著であり、わが国ではこれを『国家』篇と訳すのが通例であった。しかし、この語はプラトンの『法律』篇その他の対話篇、またアリストテレスの『政治学』その他でも頻用される一般語である(2)。古典ギリシャ語の代表的辞典である Liddell & Scott 辞典(3)を参照するまでもなく、その語義が「国家（State［英語］、Staat［独語］）」でないことは明らかである。あえて「国家」にあたる語としては *polis* があるが、*polis* は通常「都市国家」と訳されてきた。

わが国で「『国家』篇」という訳語を用いた最初が誰であったか十分に確かめえないでいるが、もしかして、それは十九世紀ドイツ・プロイセン帝国の学者シュライヤマハー（Fr. Schleiermacher）の古典的翻訳における *Der Staat* という独語訳(4)に由来するのではないかと思っている(5)。英語訳の、*The Republic* やその他のラテン系諸国語の翻訳がキケロの訳語 *De Re Publica* に由来するのは想像に難くない。キケロのこの訳語にしたがう方がプラトンの著作*Politeia*（『ポリテイア』篇）の訳語としてはふさわしいであろう。わたしはこれを日本語に直訳し「公の事柄について」の意味と理解する。res は「わたしたち人間が関わっていること、または、わたしたち人間に関わってきている事柄」の意味であり、publica は「すべての市民一般に」の意味である。それゆえ、キケロの訳語 *De Re Publica* は「すべての市民が関わっている、あるいは、すべての市民に関わっている公共の事柄について」と理解するのがふさわしいのであり、それは古典ギリシャ・ローマ世界の政治哲学として成立した「人間共同体の理想」によるものであると信ずる。それはプラトンの *Politeia* が関わっていたことの素直な了解でもある。[6]

それゆえ、古典ギリシャ語としては、プラトンの著作 *Politeia* を『国家』と邦訳するのは誤訳であり、これを「『国家』篇」と訳すことをやめなければならない。さしあたりここでは、この語は *polites, politeuein* など、*polis* からの派生語の一つとして、「ポリスのあり方」と理解し、「ポリス」を「市民共同体（*politike koinonia*）」と理解するとき、これを「市民共同体のあり方」と理解するのがふさわしいと考える。あえて「国」という語を残すとすれば、「国制」とするのが無難である。[7] わが国のプラトン研究者のなかで、この点がまだ共同の了解になっていないとすれば、それは問題である。

さらにアリストテレスに従って「ポリス」は「人間共同体」の「完成態」であるとし、それは「正しさと法律に基づいて形成される市民共同体」であると理解するとき（『政治学』第一巻第一章 1252b27-1253a39 参照）、*politeia*（「ポリスのあり方」）という語はプラトンの『法律』篇、アリストテレスの『政治学』で用いられる基本語であると理解される。

では、法律（*nomos*）のことが必ずしも主題化されていないように見えるプラトンの『ポリテイア』篇はどうなのだろうか。

わたしたちはすでに「三大著作の相互関連」というわたしたちの問題の真っ只中に放り込まれているように見える。検討はまだ始めである。しかし、*arche hemisy pantcn*（始めは全体の半分）というギリシャ古来の諺を大事にしたい。われわれは問題の真っ只中に放り込まれている。だが「水の中に放り込まれたなら、泳がねばならない」という「哲学者」の言葉にわれわれも従わねばならない(8)。でも、どこに向かって泳ぐのか。「向かうべき目標」なしに泳いでも、泳ぐことにはならない。「目標」は何が問題なのかに目を向けることによって見えてくる。それはわたしたちが始めに立てた「主題」にある。それは「理想国《ユートピア》」論への視座——三大著作の収斂点であった。「泳ぐ」のはそこに向かってである。（「理想国《ユートピア》」論という語が持ちうるさまざまなニュアンスについてはここでは立ち入らない(9)。）

さしあたり、「理想国《ユートピア》」論とはここでは「最善の市民共同体（または人類共同体）」（*he ariste politeia*）」論として理解したい。そして、それへの「視座」が三大著作においてどのようなものであるのか、そこに通底するものはあるのか、互いに異なるものはあるのかを問いたい。

Ⅱ 『ポリテイア』篇（*Politeia*）と『法律』篇（*Nomoi*）

プラトンの二大著作、『ポリテイア』篇と『法律』篇を上記のパースペクティヴでみるとき、どのように見られるだろうか。

『法律』篇をプラトンの老年期の思索力の衰えた時期の著作とみなすウィラモウィッツ（Wilamovitz von Moellendorf）の見方は、わたしたちが勉強を始めた六十年ほど前では研究の出発点であったとしても、その時代はもう過ぎ去っている。『法律』篇には、ガスリー（W.K.C.Guthrie）の哲学史第五巻[10]があげているような、「未完結性」があるゆえ、これを完璧な構成をもつ盛年期の著作『ポリテイア』篇と比較することはできないだろう。しかし、それはプラトンが晩年、死に至るまで書き続け、完成しないまま公刊しないで終わった手稿群を弟子たちが忠実に保存し、十二巻の構成として公刊した著作である[11]。そこには未完成の著作の欠陥が残っているとしても、哲学者プラトンがその晩年に「最善の市民（または人類）共同体（*he ariste politeia*）」をどこに求めようとしていたのかの理念の筋は看取できる。それは「法律（*nomoi*）の制定」が「最善の市民共同体」の形成のために不可欠であるとすることである。また「法律の制定」は「強権政体の強制」、すなわち一つの強権政体が自己の政体を保全するために被統治者に課する「暴力的強制」の方途ではなく、「法律（*nomos*）」とは「理性の分配（*nou dianome*）」（714a2）であり「秩序」であるとすることである。個別の法律規定の前に、その目的・趣旨を説明する「序文」を付するという方式はこれを現実化する方途であった（第四巻722d以下参照）。「市民共同体」の構成員全員がこれを理解できるために、市民全体の教養体制の整備に多大の力が注がれているのはそのためである。(12)「最善の市民共同体」は全構成員の「理性的合意」、すなわち、今日的に言えば、構成員がもつ「優れた意味での自由」によって成立するという理念によって『法律』篇は貫かれている。

『ポリテイア』篇の、いわゆる「中心巻（第五巻、第六巻、第七巻）」における「太陽の比喩」ほかの諸説、また『ポリテイア』篇固有の「イデア説」が『法律』篇に登場しないのは事実である。しかし、それを『ポリテイア』篇の理想の放棄であり、老年の諦念であると断ずるのは無思慮である。

ともかくこの二大著作がいずれも、「最善の市民共同体」の理念を共有することは否定できない。ただ、それへの「視座」に異なりがある。それは何か。『ポリテイア』篇と『法律』篇における「最善の市民共同体」に関わる視座の違いはどこにあるのか。ここで両著作の冒頭部分を顧みておく。

『ポリテイア』篇の冒頭は、ソクラテスがアテネの外港であるペイライエウスで行なわれた女神のお祭り(13)に作者プラトンの兄であるグラウコンと一緒に出かけていって、祭りが終わりアテネの街に帰ろうとしているところから始まる。

帰路にあるソクラテスの後ろを追いかけてきてソクラテスの衣をつかみ「待ってくださいとご主人が言っています」といって引き止めるのは、ペイライエウスに住む裕福な居留外人ケパロスの息子ポレマルコスの奴隷である。追いついてきたポレマルコスとソクラテスの間で繰り広げられるやり取りはその後展開されるポレマルコスとソクラテスの対話を先取りすると同時に、『ポリテイア』篇全巻の帰趨を予示する見事な冒頭箇所である。プラトンの文学的技法の冴えの極限を示すものといえよう。「いや、戻らない、自分は街に帰る」といって君たちを説得したらどうするとやり返すソクラテスに対して、ポレマルコスの応ずる言葉は「われわれ若い者たちが何人いると思いますか」である。われわれは説得などに耳をかすつもりはない、腕づくでも引き止めてみせるとポレマルコスは豪語するのである。

この冒頭のやり取りはその後（ケパロスの家に帰って）ソクラテスとポレマルコスの間で交わされる「正義とは何か」の論争を先取りしている。ポレマルコスの正義論は「味方には善いものを、敵には悪いものを」という「戦争による応報の正義論」である。そこから、第一巻では「正義とは強者の利益である」とするトラシュマコスの正義論が繰り出され、「正義とはそもそも何であるか」という『ポリテイア』篇全巻を貫く論究がここから始まる。追いかけてきた仲間の一人であるプラトンのもう一人の兄、アデイマントスが仲裁に入り「これから素晴らしい夜祭りが始まるのですよ」と誘いかけ、グラウコンがそれに応じて、それじゃともかく戻ることにしましょうといって、一同ケパロスの家に帰るところで第一章は終わる。『ポリテイア』篇全十巻の対話論究はここポレマルコスの父、ケパロスの家で「正義とは何か」を主題として繰り広げられるのである。

では『法律』篇の最初の舞台はどこに置かれているのか。クレテ島のクノッソスである。現在イラクリオンといわれる街はクノッソスというミノア時代の古城跡の残る場所であった。集まるのはクレテの人クレイニアスと、アテネからの客人、ラケダイモン（＝スパルタ）の人メギッロスである。三人とも老齢で、これからクレテ島中央部にあるゼウスの洞窟（ゼウスが生まれた場所であると伝えられる）まで歩いてゆき、道々、「ポリスのあり方（*politeia*）について」、また「法律（*nomoi*）について」互いに話を交わしましょうということになって、十二巻に及ぶ長い話がこの途上で続けられてゆくことになる。クレイニアスが話題として提出する「ポリスのあり方について……と法律について」（*peri tes politeias...kai nomon* - 625a6-7）という主題は「同一のこと」を二つの面から言っている。とすれば『ポリテイア』篇と『法律』篇の両著作は題名からみてもすでに「同じ一つの主題」に関わることがここ『法律』篇の冒頭箇所ですでに明らかにされている。しかし、さらにこの冒頭部分に目を注いでみると、両著作の対比ははっきりと見て取れる。

ペイライエウスはペロポネソス戦争の終焉（前四〇四年）に先だつ、寡頭派政権である三十人政権と民主派との抗争時、民主派の拠点となったところである。裕福な居留外国人であったケパロス一家の富は寡頭派政権にねらわれるものとなり、ポレマルコスはその犠牲者となって殺害された[14]。プラトンの近親者の何人か（クリティアス、カルミデス）がこの三十人政権の指導者であった。また寡頭派政権を倒して政権を奪取した民主派政権のもとでソクラテスは告発され、処刑された。この一連の争いが若年のプラトンの苦い経験であったのは疑いない。それは同じポリスの成員間の闘争であり、「内戦・内乱（*stasis*）」と呼ばれる。これに対して外敵に対する闘争は「戦争（*polemos*）」と呼ばれる。

『ポリテイア』篇の成立年代はアカデメイアの成立時（前三八七年）前後と想定されるから、十数年前のこの内戦の苦しい記憶は作者プラトンの忘れがたい記憶であったことは疑いない。『ポリテイア』篇全巻において、この内戦の苦しい記憶と、これを回避するための方策が作者プラトンの問題意識として強く働いていたのは否定できない。

わたしはこれを retrospective（回顧的）な視座と呼ぶ。中心巻（第五巻、第六巻、第七巻）に繰り広げられる「三つの大波」、「洞窟の比喩」と「太陽の比喩」、「イデア論」、「哲学者・支配者論の構想」など『ポリテイア』篇における「理想国論」（＝「最善の市民共同体論」）の基軸をなすパラドクスはすべて、この祖国アテネをめぐるプラトンの苦しい記憶に動機付けられた retrospective な視座から構想されている。[15]

では『法律』篇ではどうなのだろう。冒頭第一巻第四章において戦争の二種類の分別、内紛（*stasis*）と対外戦争（*polemos*）の区別がなされていることは『法律』篇にも同じ問題意識が通底することを示している。しかし、問題追求の方向が逆方向、つまり過去への視向ではなく、prospective（未来視向的）な視座によって動いているという違いがある。

考察はクノッソスのミノス王の太古ミノア文明の時代に帰り、さらに洪水以前、先史時代へとさかのぼり、トロイの国、ペルシャ王国、スパルタ古王朝の回顧からペルシャ戦争、民主政体の堕落にまで考察をすすめているのは、過去への視向によってではなく、未来への視向によって『法律』篇の探求が動いてゆくことを示すものであり、開巻劈頭に繰り広げられるクレテとスパルタの古王朝の王たちが法律を制定するにあたって、いつも神に（クレテではゼウスに、スパルタではアポロンに）相談しに行っていたという回顧は、『法律』篇全巻を通底する「神への視向」・「宗教性」を示唆している。未来視向、太古への回顧、宗教性という三者は一致して動いているのである。

以上の考察は、『ポリテイア』篇と『法律』篇が同じ問題探求に関わりながら、retrospective と prospective という相反する視向のうちに動いていることを示すものである。両著作における「最善の市民共同体」への視座の相違はここにある。

このようにして、『ポリテイア』篇と『法律』篇両著作の開巻冒頭部への注目はわたしたちにこのような視点を提供してくれる。

（『ポリテイア』篇全編の構成については加藤信朗『ギリシャ哲学史』第四章・一四三〜一四九頁を参照されたい。）(16)

『法律』篇についてさらに考慮しておくべき二、三の点を述べておく。

『法律』篇がプラトン晩年の著作であり、完成しないまま公刊しないで終わった手稿群を弟子たちが忠実に保存し、十二巻の構成として公刊した大著であることはすでに述べた。これに関係することとして留意すべきいくつかのことがある。

（１）『法律』篇はプラトン全著作のなかでソクラテスが登場しない唯一の対話篇である。それは何故なのだろうか。おそらく謎としか言いようがない、残された手稿群を弟子たちが集めてできるだけそのまま刊行したのが事実であろう。それゆえ、「もしかして著者プラトンが最後に手を入れて自分で刊行していたとすれば」という仮定が許されるとすれば、プラトンは『法律』篇に、いわばその序幕になるものを付して、そこでソクラテスに何かを語らせていたことも可能だったという想定も許される。たとえば、後期の著作として異論のない『ティマイオス』篇では、その序幕にはソクラテスの登場する対話部分があるが（17a-27b）、その「宇宙論」はすべてティマオス一人によって語られるものである（27c-92c）。

これは『ティマイオス』篇の続編をなす著名な「アトランティス物語」を含む未完の『クリティアス』篇でも同様である。

（２）さらに、アリストテレスは『政治学』の第二巻第六章で『法律』篇の所説を紹介する際、それをソクラテスが述べているものとしているということがある。これをアリストテレスの単なる思い違いとみなしたり、アリストテレスはプラトンの説をいつもソクラテスが述べているとする習慣であったといって済ませるものでもないだろう。それは『政治学』のこの箇所の執筆時、「アテネからの客人」ではなく、ソクラテスが対話を主導するものとなっている『法律』篇の手稿群があったという可能性を否定することはできないだろう。――これも『法律』篇の成立に関する「謎」のひとつとしてとどまるだろう。しかし、それはそれとしてアリストテレスはこの箇所で『法律』篇を『ポリテイア』篇と並べて、二つの間に違いはあってもいずれも「理想の国制」を述べているものとして比較している。これは同時代者がみた両著作を導く「理想国」という理念の同一性の証言である。

（3）さらに『法律』篇について注目すべき点をあげれば、『法律』篇の主題をなすクレテにおける「新しいポリス」を建設するにあたって立法家に与えられる所与となるポリスのあり方（*politeia*）はどういうものが最適であるかと問われる際、「それは僭主の支配しているポリスだ」と述べられていることである（第四巻 709d-710d）。『ポリテイア』篇で最悪のポリスのあり方の極点とされる「僭主制」が望ましいとされているのには驚かざるをえないが、これはおそらく両著作の視点の相違を示すものといえるだろう。実際そこで僭主に求められている資質が『ポリテイア』篇第六巻（487a）で「哲人支配者」に求められている資質と同種であるのは、これがなんらか『法律』篇の未来への視向と一致することを示すものであろう。プラトンその人が後年に至るまで、苦い失敗の経験を顧みずシケリアの「僭主」ディオニュシオス父子に「理想のポリスのあり方」の夢を託した事実は知られるとおりだからである。これらのことがアリストテレスにおける「最善のポリスのあり方」の理念の実現の模索に少なからず考慮の材料を提供したのは疑いない。

（4）ついで加えうることは今述べたこと、つまりアリストテレスの「政治学」、「倫理学」との関係にも関わることになる。それは、より一般的に言って、『法律』篇のような大著に関わっている間、作者プラトンが後期の著作と呼ばれる諸著作を公刊していなかったとは考えにくいということである。その内、われわれの当面の関心で注目されるのは、『ピレボス』篇である。『ピレボス』篇の冒頭の唐突な始め方、また、それに応ずる終幕を合わせるとき、『ピレボス』篇の論争において、わたしたちは一切の前置きなしにプラトン最晩年のアカデメイア内の論争の現場にぶち込まれているという印象を否めない。また、プラトン最晩年のアカデメイアにおいてアリストテレスが「学園の心臓」といわれていたのはみな知るところである。十七歳から二十年間（三六七―三四七＝プラトン没年）アカデメイアに在籍していた間、アリストテレスが今日『アリストテレス著作集（*Corpus Aristotelicum*）』として伝えられる著作群に展開される思考の芽生えにいっさい取り組んでいなかったと想像するのは愚かである。『ピレボス』篇に通底する主題「快楽と善は同一か」という問題がプラトンにとって終生一貫した問題だったのはいうまでもない。それはまたプラトン終生の哲学の主題である「ソクラテスの生と死（＝生涯 *bios*）は何であったのか」という問題にそのまま通ずる問題でもある。最晩年の対話篇の一つである『ピレボス』篇においてソクラテスが対話を主導する登場人物であるという謎はこれによって解ける。『ピレボス』篇が「生の選択」の問題であるのは明らかだからである。

とりわけ注目されるのは『ピレボス』篇の冒頭で、最初の問題提示が言い改められ、明確化されて「同意事項」として提示されている言い方、

「さていまわれわれの双方は魂のなんらかのあり方（*hexis*）ないし情態（*diathesis*）がすべての人間にとってその生（*bios*）を幸福なものになしうるということを明らかにしようとしているのだね。」（*Hos nyn hemon hekateros hexin psyches kai diathesin apophainein tina epicheireisei ten dynamenen anthropois pasi ton bion eudaimona parechein – Philebus 11d4-6*）

という一文によってプラトン最後期のアカデメイア内の論争においてわれわれはアリストテレスの存在を認めざるをえないということである。なぜなら、*hexis, diathesis* という術語はもちろんであるが、この問題提示が『ニコマコス倫理学』全体の問題提示そのものであることは否定できないからである。そして、これはわれわれの最後の考察に関わるが、これに関連する重要なこととして『ニコマコス倫理学』の全体ははっきりとアリストテレス『政治学』の一部として構想されており、その「原論的考察」をなすということがある。(これは第一巻および第十巻末尾を見れば明らかである)。それはプラトン『法律』篇とアリストテレス『政治学』の構想は、ほぼ同時期に、ほぼ同じ問題に関わるものとしてプラトンとアリストテレスのうちに始まっていたということを示している。両者がともに「立法」という問題に関わることが大きいのは当たり前のこととはいえ、それゆえ自然である。しかし、われわれの考察の目標は、これら両著作は「最善の市民共同体」のありかたという点でどのような関わりにあるのかということだった。われわれはすでに問題の「中心」に置かれている。

Ⅲ　アリストテレスの『政治学』(*Politica*)

ではアリストテレスの『政治学』はどうなのだろう。プラトンの『法律』篇とアリストテレスの『政治学』の両著作の論究がプラトン晩年の哲学探究の位相[17]という共通する場面(=アカデメイア内の論争状況)を前提して発していることについてはすでに考察した。「立法」(=法律制定)が両著作における共通の大きな課題であることは言うまでもない。

ではアリストテレスの『政治学』はプラトンの『法律』篇とわれわれの問題点においていかなる違いがあるのか。

最初にいくつかの注記をしておきたい。

(ⅰ)『ニコマコス倫理学』第一巻第六章における「善のイデア」批判、および、その他の著作における「イデア論」批判のゆえに、アリストテレス哲学がプラトン哲学批判として成立すると捉える傾向がギリシャ哲学解釈において、過去にも、また、今日でも、なおかなり支配的な傾向であることは否定できないだろう。しかし、これが皮相な理解であることは間違いない。すでに上に述べてきたところから明らかなように、後期のプラトン哲学、プラトン晩年のアカデメイアにおける哲学探究の現場において、プラトン後期の哲学思索とアリストテレスの哲学思索が互いに接する場面で成立していたことは否定しがたい事実である。

（ii）また、W・イエーガー（Werner Jäger）の古典的なアリストテレス解釈[18]において *sophia* と *phronesis* の概念について、プラトン哲学ではそれらは同じもの、またはつながるものであったが、アリストテレスでは、「理論哲学」と「実践哲学」を区分する体系的原理のゆえに、それらが「異なるもの」、さらには「互いにつながらないもの」であるかのように理解される傾向が強かったのも事実であろう。しかし、『ニコマコス倫理学』および、いまわれわれの直接の研究課題である『政治学』の構成を精緻に究明するなら、そのような図式化は通用しないこと、それはアリストテレス実践哲学の原理である *phronesis*〔賢慮〕とわたしは翻訳する）の理念を皮相化し、その真義を捉えそこなわせることは明らかである。すなわちアリストテレス哲学において「賢慮（*phronesis*）」は「智慧（*sophia*）」を前提し、これにつながるものとして理解しないかぎり、アリストテレス実践哲学の真義を見失わせるものであることを了解することが重要である。いまわれわれの当面する問題に関係させて言うならば、「最善の市民（ないし人間）共同体」の理念は「智慧（*sophia*）」と「観想（*theoria*）」の理念を前提し、「賢慮（*phronesis*）」の働きがそれと共同してわたしたち人間全体の、いま、あるあり方をどのようなものとして構成し、建設してゆくべきかの働きを規定する「始原（*arche*）」であり、かつ「終極（＝目標 *telos*）」であるからである。

これは、すでにアリストテレス『政治学』の構造とその真義に関わる結論の提示であるといってもよい。

（1）アリストテレス『政治学』の構造

直前にのべたことがアリストテレス『政治学』の構造である。それはプラトン『法律』篇に共通する prospective な視向のもとに、人間共同体の現実とそれが向かうべき目標がいかなるものであるべきかを精察した、まれに見る総括的な考察の記録である。アリストテレスはプラトンと違いアテネの市民ではなかった。それゆえ両者の視点と考察の仕方にはおのずから違いがあり、アリストテレスではいっそう客観的な考察が展開されている。知られるように、アリストテレスを学頭とするペリパトス学派では百五十八の諸ポリスの歴史に関する客観的な研究がなされていたことが古くから知られており、この『政治学』の考察と論述がそれらの客観的研究の少なくとも或る部分を前提してなされていることは疑いがたい。この点にこの著作をプラトンの二著作と区別する特徴があり、とりわけ回顧的な視向を前提とする『ポリテイア』篇と区別する点がある。これらの客観的な考察を前提した上で「人間本性（*anthropine physis*）」

にもとづき、あるべき「最善のポリス共同体」を構想するという思考方法において、本書の叙述はまさにアリストテレス的な思考法の典型であり、それが「人間本性」を基盤とする未来視向的な考察とならざるをえない点では『法律』篇の視向と共通するものであることは既述の通りである。『政治学』では「最善の市民共同体」ではなく、さしあたり可能な「よりよき次善の市民共同体」の設立が目指されているという点で、その「中間性」「現実性」が特徴とされる場合があるが、「中間」にせよ「現実」にせよ、それは「最善なるもの」「理想」を目指すものとしてだけ規定されうるものである以上、「最善の市民共同体」という目標が本書の構想を規定しているものであり、この点に三大著作の収斂点があるとする本論稿の主張は保たれる。アリストテレスにおいて「運動（*kinesis*）」「行動（*praxis*）」は必ず「ある終極（*telos*・目標、目的）」を目指すものとしてのみあるという原則はここでも十全に機能しているのである。

――以上はアリストテレス『政治学』が他の二著作と同じ収斂点をもち、こうして、われわれの主題であるギリシャ政治哲学の三大著作の収斂点がそこにあるという本章の主張を述べたものである。ただし、アリストテレス『政治学』にはその固有の構成があるので、その点を次に述べる。

（２）アリストテレス『政治学』の固有の構造・さらなる考察

(i) アリストテレス『政治学』第三巻の末尾は次のように終えられている。

「ポリスのあり方について、これらのことどもが論定されたので、ついで述べられるべきことは、最善のポリスのあり方について、それが本性上いかなる仕方で生まれる者であるか、また、どのようにしてそれを形成するかを論述しようと試みるべきであろう。(これについて論じようとする者は、それにふさわしい考察をなすことが必然である。)」(1288b2-6)

——末尾の一文は第七巻の冒頭の一文をなぞっているので、校訂者シュペンゲル(Spengel)の提案のように削除してもよいだろう。しかし、いずれにしても問題は変わらない。つまり、この末尾は、第三巻の論はすぐに第七巻の「最善の市民共同体論」に続けられるべきものとして終わることを言うものである。『政治学』が本来このような構造のものであるとすれば、

第一巻「人間共同体の一般論」

第二巻「最善の市民共同体」についての諸見解とその批判

第三巻「ポリス」とその構造一般、および、「市民共同体」の正しいあり方と逸脱したあり方について

第四巻「最善の市民共同体」論(=伝承の第七巻)

が先行し、これに続いて、第五巻「もっとも選択に値する人生」は何か。そのための「教育論」（＝伝承の第八巻）という構成が本論となり、伝承の第四～六巻が論じている現状のさまざまな「市民共同体論」はその補論ということになる。

実際、十九世紀ドイツの古典学者F・ズーゼミール（Franz Susemihl）[19]の著作 *Aristoteles, Politik,* (Griechisch und Deutsch, herausgegeben von Franz Susemihl, Teil I Text und Übersetzung; Teil II Inhaltsüberblick und Anmerkungen, Leipzig 1879 : Neudruck 1978 Scientia Verlag Aalen) では、そのような構成で第一巻から第五巻がつづられ、第六巻（＝伝承の第四巻）、第七巻（＝伝承の第五巻）、第八巻（＝伝承の第六巻）という構成がとられている[20]。

本来そのような構成のものであったと考えるか、それとも、現行の構成のものであったと考えるかには両様の考え方がありうる。さしあたり現行の構成で読むことも可能であるが[21]、いずれにせよここには興味ある問題も含まれるゆえ、さらなる考察を要する。

ただ、いずれにせよ、これはアリストテレス『政治学』の構成がこれまで本発表で追ってきた問題に沿うものであることを明示するものである。つまり現行の中間的な「市民共同体」のあり方は「人間共同体」の本性的なあり方としての「最善のあり方」を基準として、そのよしあしが判定されうるということであり、個々の具体的な政治行動は、それを目標とする正しい「賢慮（*phronesis*）」の働きによってのみ決定されうることを明示するものである。——これは今日の地球化時代においても政治家たるもの一人ひとりが肝に銘ずべきことであろう。第四巻、第五巻、第六巻に展開されている現行の「市民共同体」の諸形態のそれぞれについて、どのようにしてそれが「よりよいもの」に変わりうるのか、どのようにして「堕落したもの」に移りゆくかの考察は、諸形態の広範な調査をもとにして微に入り、細にわたって考察される「政策論」の模範である。

ただ、さしあたって考慮に値する形態として「寡頭制」と「民主制」が考慮されており、「僭主制」から始める可能性が排除されていることはプラトン『法律』篇と異なる点である。この点もさらなる検討を必要とする問題であると考えるが、ここでは立ち入らない。

いかなる現状の形態の共同体であれ、構成員である市民各自の徳性によってだけ、それが保全され、よりよいものになりうるとみなされる点は変わらない。その意味で『ニコマコス倫理学』で展開され明示されている「人間の完全性」、すなわち「正義と友愛」によって築かれる「人間共同体」の完成が、すべての政治行動の最終目標になっているのは間違いがない。『ニコマコス倫理学』はまさに『政治学』の原理論なのである。

こうして、三大著作が一つに収斂してゆくことを概述した。[22]

第四章　共　生

――自然の内における共生・東アジアからの声――

Ⅰ　「共生」という問題

これは地球化時代の現代において全地表の人類が「共に生きるための知恵」をどこに求めるかを尋ねるため、また、東アジアの伝統文化に培われてきた日本人として、これに貢献するために、何を東アジアからの声として全世界に発信しうるかを考えることである。

(1)「共生」という言葉について

「共生」という言葉は比較的新しい言葉で、現行の国語辞典ではこの語はここで用いる意味では載っていない。新聞社などで出している『現代用語辞典』を見ても、普通に使われるのは環境問題に関する用語としてである。たとえば、「環境共生都市」という言葉は地球環境を破壊しないような街づくりを指し、たとえば、「ゴミを出さない街」というようなことらしい。英語でEcocityと訳されているところを見るとEcocityのeco-に当たるものとして「環境共生」という言葉が用いられている。(1)しかし、どうもこの「共生」という言葉にそのまま当てはまる英語はなく、この言葉は最近日本で用いられる日本発の二字熟語であるように思われる。わたしがここで考えたい「地球化時代の現代において全地表の人類が共に生きるための知恵をどこに求めるか」という問題もこの言葉をこの意味で用いて、これを日本から世界に発信してゆくメッセージとして考えてみたい。

今日の日本では、この「共生」という二字熟語を使って、教育の場で障害者との共生を考えるとか、女性問題に関係して男女の共生の社会を考えるとかいうように、かなり頻繁に使われるようになっている。しかし、「共生」という言葉は以前にはそれとはだいぶ違う意味の言葉として用いられていた。ためしに和英辞書(一九八五年版、三省堂『新コンサイス和英辞典　第二版』)を引いてみると、「共生」という言葉はsymbiosisと訳してある。symbiosisは生物学上の術語で、アリとアリマキのように互いに異なる種族の動物同士が便益を与え合って共同に生きることを意味する。そこで、この講演(聖心女子大学教養講座「多元なるものの共生――東アジアからの声」二〇〇一年五月)の準備中「共生」という言葉を英語ではなんと訳したらよいだろうかと思案していた頃、ある新聞社の方から面白い話を聞いた。それは、ちょうど日本経済がバブルの絶頂にある頃のことで、ある経済界の代表が国際会議で日本経済の立場を「共生」という言葉を使って「日本経済は他国の経済と協調関係を保ちながら共生するのだ」と説明したところ、先方から、日本は自国を他国とは「異なる種族」と考えて、他国を自国の利益のために利用するつもりなのかと逆襲されて困ったという話だった。この話はこの言葉がまだ国際的には普通に通用する言葉にはなっていなかったことを意味するものだろう。この講演に先立つ頃、英語圏の親しい学者が聖心女子大学に来訪された。わたしは講堂に写真入りで掲げられている講演のポスターを説明して、これはLiving Togetherというテーマの話で、「地球化時代の全人類がともに生きるための知恵」をどこに求めるかという話なのだと説明した。さらに一言付け加えると、この論文を英訳して、ある定期刊行物（The Japan Mission Journal, Spring, 2003, Vol. 57, No. 1, Published by Oriens Institute for Relgious Research）に掲載することになったおり、訳者はこの論文のタイトルをLiving Together in Harmony in Our Multicultural Globalized Worldと英訳してくれた。これを見て、なるほど、このように表現することによってこの語の意味は英語圏のひとびとにただしく伝わるのだと思った。

（2）「共生」にかかわる二つの視点

「共生」の問題を考えるために、次の二つの視点から考えてみたい。一つは、人間が人間を取り巻く「外」の自然世界にどのように関わり、これとどのように調和的な共生の関係を作りうるかという視点であり、環境問題と言ってもよい。しかし、これは実は人間が自己の「内」である人間自身の「内なる自然」にどのように関わり、これとどのように調和的な共生の関係を築きうるかという問題にそのままつながる。そして、この外と内の自然との共生の関係を回復することによってはじめて「人間の自然」が回復される。この「外と内の自然」への関係が「共生」の問題を構成する縦軸の視点である。

もう一つの視点は「グローバリゼイション（全地球化）」という現代世界の現状にかかわる視点で、交通手段、通信手段の飛躍的な発展によって、全地表の人類の生活形態の普遍化・画一化がいま生じているが、それによって逆に、民族、文化、宗教の特殊化・多元化がいま顕在化してきてもいる。この多元な文化伝統・宗教伝統のうちに生きている全地表の人類がどのように互いに語り合い、共同の理解を築き、共生の関係を作り上げうるかが「共生」の問題を構成する横軸の視点となる。これら二つの問題はいずれもそれ自体としては解決することの困難な問題だが、その解決なしに人類の未来に明るい展望のないことも明らかだ。わたしはここで、これら二つの軸が交差するところで、「人間の自然」、「自然の人間」の回復があることを示し、この問題の根をいくらかでも解きほぐしたいと考えている。

縦軸　環境問題——「自然との共生」から「自然の内における共生」へ

縦軸の「外なる自然との関係の問題（環境問題）」から考えてみる。二酸化炭素の問題であれ、産業廃棄物の問題であれ、環境問題は今ではもう当たり前の現実的な問題になっている。それは簡単に解決がつかないにせよ、何とか解決しなければならない問題として行政サイドを含めて全世界的な問題になっている。しかし、この問題の「根」がどこから来るのかというと、その根は深く、それは近代的な技術の発展からきており、さらにこの近代的な技術の発展がどこから来るかというと、それは西ヨーロッパ近代からきていると言うことができる。この西ヨーロッパ近代で発展し展開した技術世界の枠組みまたは図式は「人間 対 自然」という図式だった。自然の中に「人間の王国」があり、これは理性と技術の及ぶ範囲で、「この人間の王国の範囲を技術によってできるだけ拡げてゆく」——ここにイギリスの政治家でもあり学者でもあったフランシス・ベーコン（Francis Bacon 1561-1626）の構想があった。「自然は従うことによって征服される（natura parendo vincitur.）」という命題がその基本原理であり、人間がその知力を用いて自然法則を発見し、これによって自然を人間の望む目的に従わせる、これに

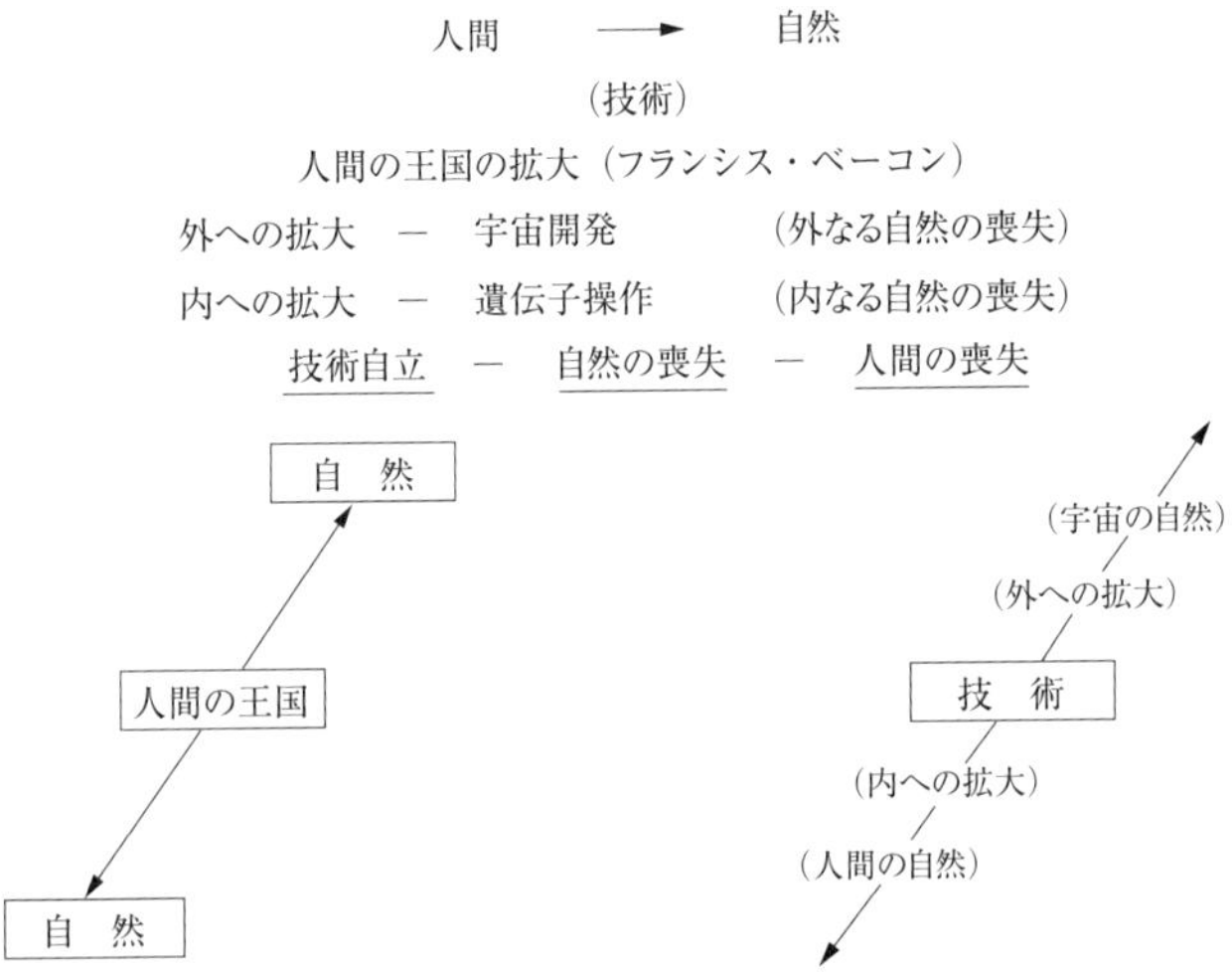

ヨーロッパ近代の図式

よって人間は自然を支配し、「人間の王国（human kingdom ＝人間の支配圏）」の拡大を図ることができるというのである。そこから、十八〜十九世紀の産業革命を経て二十世紀にいたる数百年の間に大きな技術の発展が起こった。これは一方では、宇宙開発というかたちで、外に向かって拡大してゆき、かつて神々の住まいであった天空はいまでは技術の圏域に属し、人間の王国に組み入れられている。他方で，この技術の力は内にも拡大してゆき、遺伝子工学によって技術の力がいまでは人間の内部の隅々まで浸透している。かつて人間の自然と考えられていた身体が遺伝子の束に解体されてゆく過程がそれである。こうして、技術が外と内へと無限に拡大してゆくことによって自然の自立性は失われ、外側の自然もなければ内側の自然もなく、世界の中で技術だけが自立し、一切の自然が喪失するという事態が起こってきている。これがさしあたり環境問題として表面化している事柄の内実である。技術の自立と自然の喪失、そして、自然の一部であった人間の自然の喪失という事態、これが縦軸と呼んだ第一の視点の問題点である。

では、失われた自然の回復はどのようにして可能なのか、人間は自然をどのようにすれば回復できるのか。それができるのは「自然と人間」が同時に回復される時、「人工の人間」に対して、「自然の人間」が回復される時である。人工はいま人間の内部にどんどん入り込んで来ていて、人工臓器、人工人間といったものがクローン技術によって作られる可能性が現実的になり、いまや「人工の人間」によって「自然の人間」が置き換えられ、「自然の人間」が喪失する可能性がある。これに対して、「自然の人間」を回復することはどこで可能なのか――これは極めて今日的な深刻な問題である。環境問題が問題とされた時、「自然との共生」が求められ、あたかも人間のまわりに自然が存在し、人間がこの自然を破壊することをやめ、自然を大切にし、自然と仲良く暮らしてゆくのがよいという考えがあった。しかし、そのようなことでは間に合わないところに現代は来ている。自然に対立して自然を征服しようとしていた人間そのものが技術によって支配される領域になってきている。それゆえ、「自然 対 人間」という図式を捨て、この思考枠組みを変えなければならない。「自然 対 人間」ではなく、問題は「自然の中にあるものとしての人間」をどのようにして回復するのか――、それよって人間を含む自然の全体をどのようにして回復するかである。また、この自然全体の中で人と人がどのように関わって「共生の秩序」を築きうるかが求められている。環境問題とは人間の外の問題ではない。人間自身の問題、人間の自己関係の問題なのだ。「自然 対 人間」という図式から人間は自由になり、人間が自然の内にあるものとして、そういう自己自身にどのように関わってゆくのか、それによって、どのようにして、「人間の自然」が回復され、「自然の人間」が回復されうるかが問題なのだ。「自然との共生」から「自然の内における共生」へという思考枠組みの転換を求める理由がここにある。

横軸　グローバリゼイション（全地球化）の問題――多元なるものの共生

つぎの問題は「グローバリゼイション（全地球化）」の問題であり「全地表の人類全体の共生」を考える上の横軸となる視点である。これは、自由主義経済の全地表化という経済問題としてさしあたり表面化しているが、それは経済問題にとどまらず、文化上の問題でもある。これも上に述べた近代西ヨーロッパにおける技術発展の延長上で起こってきたことだが、いまとりわけ二十世紀における輸送技術、通信技術の飛躍的な発展によって起こっている。すこし前までは地球の裏側まで行くには長い月日が必要だった。しかし航空機の発達により、いまでは一日を経ずして全地表のどこにでも行けるようになった。また情報伝達という点でもさらに目覚しいことが起こっている。ひとびとはいまインターネットを通じて地球上のどの地域の人とも瞬時に連絡を取り合うことができる。また、シドニー・オリンピック（二〇〇〇年）の開会式は全世界の各地に同時に放映され、人々はその場に、いわば立ち会っていた[2]。それは平和なグローバリゼイション（全地球化）のひとときだった。ところが、それから数年も経ないいま、わたしたちは今度はニューヨークの貿易センタービルが眼前でみるみる崩れ落ちてゆく光景を目の当たりにし（01・9・11と呼ぶ）、空爆で燃え上がるアフガニスタンの上空、崩れ落ちた建物の瓦礫の上で泣き悲しむ人々の姿を目前にした。こうして、わたしたちは全地表でいま起こっていることにいつも立ち会わされる羽目になっている。同じ時間に起こっていることを眼前にすることにより、わたしたちは同じ場所に居合せることになる。同時性が同所性を生む。こうして、いまや全地表のひとびとが同時性と同所性を共有することになった。これが「グローバリゼイション（全地球化）」が全人類にもたらした結果である。

グローバリゼイションは一方では市場経済の自由化によって全世界を一つのマーケットにし、これによって全世界の人類の生活様式の普遍化・画一化が生まれた。ひとびとはあらゆるところで同じような自動車に乗り、同じようなテレビを見、同じような衣服を着て、同じような生活様式で生きている。ところが、普遍化・画一化が起こる一方、かつては知らなかった各種のひとびとが地球上に存在していることにわたしたちは出会っている。全地表にはそれぞれ違う種類の人間の生き方があること、多様なひとびとが全地表には共存しているという現実に立ち会っている。グローバリゼイションの普遍化・画一化はその裏面に多様な各文明の特殊性・個別性を顕前化させた。それぞれの民族は長い歴史をもつ異なる文化伝統をもっており、そして、この多元な文化伝統の基礎には多元な宗教伝統がある。わたしたちはいま多元な宗教の存在を認めなければならない時代にきている。二十世紀は宗教がその意義を失っていった時代だった。欧米世界についても、日本についても、それは言える。この傾向は今も続いている。しかし他方では、宗教の意味がいまあたらしく現前化してきていることも否定できない。異なる宗教がどういう歴史を辿り、そこからどういう摩擦が起こっているかが大きな問題になっている。このようにして、画一化と特殊化の両方が同時に起こってきているところに、全人類の共生の問題を構成している横軸としてのグローバリゼイションの問題がある。

(3) ヨーロッパ中心主義の終焉

(i) 十九世紀植民地帝国主義の終焉　このような全地表規模で生じたグローバリゼイションに伴って、十九世紀から二十世紀前半、つまり第一次大戦まで全世界を支配していた「ヨーロッパ中心主義 (Eurocentrism)」が今ではもう成り立たなくなっている。つまり、それまでのヨーロッパ諸国による「植民地帝国主義」が成り立たなくなっているのである。代表的な例を挙げれば、かつて「七つの海」を支配した「大英帝国 (British Empire)」はもう存在しない。

フランスとイギリスの対立は歴史的には難しいものだった。それゆえ、ドーバー海峡をくぐって大陸とイギリスをつなぐユーロ・トンネルは歴史的なものだった。ある国際学会の席上で、これに言及して一人のイギリス人が、「それは敵 (Enemy) がそこにいることになる」と発言したので、その場に居合わせたフランスの学者がいきりたってこれに食って掛かる場に居合わせたことがある。ユーロ・トンネルの開通式(一九九四年)に、エリザベス女王がわざわざフランス側に赴いてフランス語で祝辞を述べたのにはそういう事情もあったのかと想像している。

「欧州連合（EU・European Union）」の成立はこうした事情を背景にしている。ヨーロッパ諸国が全世界の各地に自国の植民地を建設し、互いに競い合って自国の繁栄を謳歌していた植民地帝国主義の時代は終わり、ヨーロッパ諸国がこれから協力して一つの相互扶助の共同体を作ろう、それゆえ、ある意味では近代以前のヨーロッパの連帯性を取り戻そうというところに「欧州連合」の発想がある。ヨーロッパ各国の植民地であった地域の各民族、各部族がそれぞれ独立国となることによって、今日の国連を構成する多数の国家が成立している。これらの極めて多様な文化伝統、宗教伝統をもつ人々の間にどのような精神的な共同了解を作り上げるか、これを築くためにどのような対話の道を開いてゆくことが求められるかを考えることに今日における全人類の共生を達成するためのもっとも大きな課題がある。

（ii）主権国民国家の自立性の変容　これに関連することとして、近代ヨーロッパで成立した主権国民国家の自立性の変容ということがある。すなわち、フランス、イギリス、ドイツほか、ヨーロッパ近代に成立した国民国家はそれぞれ他国の干渉を許さない主権国家として互いに自立性を主張した。第一次大戦はその結果起こったもっとも不幸な出来事の一つだった。

その反省にたって諸国は「国際連盟」を作ったが、これもヒトラーの出現、ナチス・ドイツの成立によって無残なものに終わった。日本もこの無残な結果を生む一翼を担ったことをわたしたちは忘れてはならない。第二次大戦が終わって諸国はふたたび「国際連合」を作り、今度の国連の方が以前の国際連盟よりも有効に機能しているとはいえる。人類は少しは知恵を持ったのかもしれない。戦後の日本がこの国連主義を重視しているのはよいことで、それは国際協調によって国際政治の問題を解決しようとすることだからである。主権国家が自国の国益だけを考えてことを行なう時代はもう終わっているのに、わが国ではこうしたことがまだ十分には自覚されていないように思える。今頃になって「主権の侵害」などと大声でわめくのは少しおかしい。国民主権国家に意味がなくなるわけではなく、その意味を認めた上で協調を考えてゆくにはどうするかが大切なのだ。現在、北朝鮮、韓国、中国との関係で困難な問題が表面化しているが、いちばん近い国の人々とどのようにして親密な関係を作ってゆくかを考え、できることを一つずつでも実行してゆくことが、全地表の人類の共生を説くために、わが国の人々にはまず要請されている。

（iii）冷戦構造（イデオロギー対立構造）の終焉　さらにまた地球化時代の現代を特徴づ

けていることとして「冷戦構造の終焉」がある。冷戦構造とはついこの間、第二次大戦後にあったイデオロギーの対立、つまり社会主義体制・共産主義体制と自由主義体制・資本主義体制との対立構造のことである。社会主義・共産主義はヨーロッパ内で起こった。それが全世界に波及し、地球規模に拡大したのが第二次大戦後の冷戦構造である。この対立構造はヨーロッパ内部では「壁の崩壊」（一九八九年）とともに終わった。ヨーロッパ内部での社会主義・共産主義の実験はこうして終わったのである。ところが、ヨーロッパ内部では終わったことが中国や北朝鮮ほか、ヨーロッパ外のいくつかの国では今も残っている。中国や北朝鮮の共産主義がヨーロッパの共産主義と同じかどうかは断定できないが、わが国にもっとも近い東アジアでこの古いイデオロギー対立が残っていることは、わが国および東アジアの人々には大きな問題である。

(4) 「文明の衝突」の問題

このようにして二十世紀までのヨーロッパ中心主義は終わったといえるが、それは「グローバリゼイション（全地球化）」がもたらした結果である。しかし、冷戦構造の終焉と共に、いまでは米国への一極集中が起こり、米国に軍事力と富が集中し、米国対全世界という構図が今日の世界を特徴付けるものになっている。これは大きな問題である。国連を構成する国がいくつあるか、一九〇あまり（二〇一一年現在一九三か国）あるが、これら一九〇あまりの国とアメリカ合衆国との関係がどうなるかが今の問題となる。サミュエル・ハンチントン（Samuel Huntington）が *Foreign Affairs* 誌に一九九三年に発表した「文明の衝突（The Clash of Civilizations?）」という論文がある。この論文の表題の末尾には疑問符がついていた。その後出版した著書の序文では、著者ハンチントンは、この論文は「文明の衝突が不可避だ」という意味で書いたのではなく、「今日の国際情勢は文明の衝突を生むことになるのだろうか？」という問いかけとして書いたのだと言っている。この論文の発表後、多くの疑問や反発があげられたため、それは「諸文明間の対話」という論議を広範囲に惹き起こすきっかけになる意味があったと書いている(3)。それはその通りだと思うが、サミュエル・ハンチントンがそこで描いた「文明の衝突」という問題は今も根強く残っているように見える。とりわけ、それはあの貿易センタービルの自爆テロ以後顕在化した状況としてまだ今日に残っている。ここには「歴史の重み」という重圧が付加されている。中央アジア・西アジアを中心とするイスラーム文明圏と西ヨーロッパ文明圏の間にはおよそ千年間の長い対立状況があった。この根深い対立と不信感を記憶から抹消するのは東西どちらの文明圏においてもなかなか困難で、それが今まさに顕在化してきている。アメリカ大統領があの時不用意に口にした「十字軍」という言葉をあとから否定して、これは「イスラーム教に対する戦争ではなく、国際テロリズムに対する戦争である」と言い直したからといって、簡単に解決することのできない「歴史の負荷」という重圧がある。これは人類にとっていま解決することを迫られている問題で、この問題の解決なしには人類にとってこれからの千年期の明るい未来を期待することはできない。

問題の解決をどの方向に求めたらよいのだろうか。西欧文明と非西欧文明、自由主義陣営と非自由主義陣営という二極対立方式はこの問題を解決することができない。多様な民族、多様な文明、多様な宗教間の対話の可能性を追求しなければならない。力による圧伏ではなく、相互理解と相互扶助が、報復ではなく、寛容と許容が優先されなければならない。

Ⅱ　人間の自然（＝自然の人間）の回復・理性の回復
——東アジアからの声——

（1）三つの世界地図

以上が「共生」の問題を考えるための二つの視点であり、この縦軸と横軸をどのように結ぶかが次の問題である。

（ⅰ）　地図Ａ、Ｂ、Ｃについて

地図Ａ　日本で慣用される世界地図（大西洋の一体性の消失）

地図Ｂ　欧米で慣用される世界地図（太平洋の一体性の消失）

地図Ｃ　より広い視野の世界地図　（地球化時代の視野の確立）

はじめに、地図Ａを見てほしい。これは日本で普通に使われている世界地図だが、(4)七十年前にわたしが子供の頃習ったものと基本では同じで、日本が真中に位置し、アメリカが東端、ヨーロッパが西端にある。この地図では「大西洋の一体性」が見えてこない。日米開戦時の日本の軍部の愚かさの一つはそこに起因しているのではないだろうか。軍部は「真珠湾を攻撃すればよい、この調子で西海岸、さらにワシントンまで行くぞという姿勢を見せれば、アメリカは手を挙げるだろう」ぐらいに考えていたのではないか。それはとんでもない間違いで、アメリカは実は大西洋を挟んで東方のヨーロッパと結んでいる。

地図Ｂを見てほしい。これは欧米で一般に使われているもので、(5)この地図を見ると、大西洋の一体性がよく分かる。大西洋はコロンブス以来近代ヨーロッパにとって内海で、大西洋を囲

ロシア連邦
スウェーデン
イギリス
ドイツ
フランス
EUROPE
カザフスタン
モンゴル
ASIA
中華人民共和国
スペイン
トルコ
イラン
日本
モロッコ
アルジェリア
エジプト
サウジアラビア
モーリタニア
ニジェール
スーダン
インド
タイ
エチオピア
AFRICA
大 西 洋
インド洋
インドネシア
ザンビア
マダガスカル
南アフリカ
オーストラリア
OCEANIA
ニュージーランド
太 平 洋
カナダ
NORTH AMERICA
アメリカ合衆国
メキシコ
大 西 洋
ペルー
ブラジル
SOUTH AMERICA
アルゼンチン
地図A

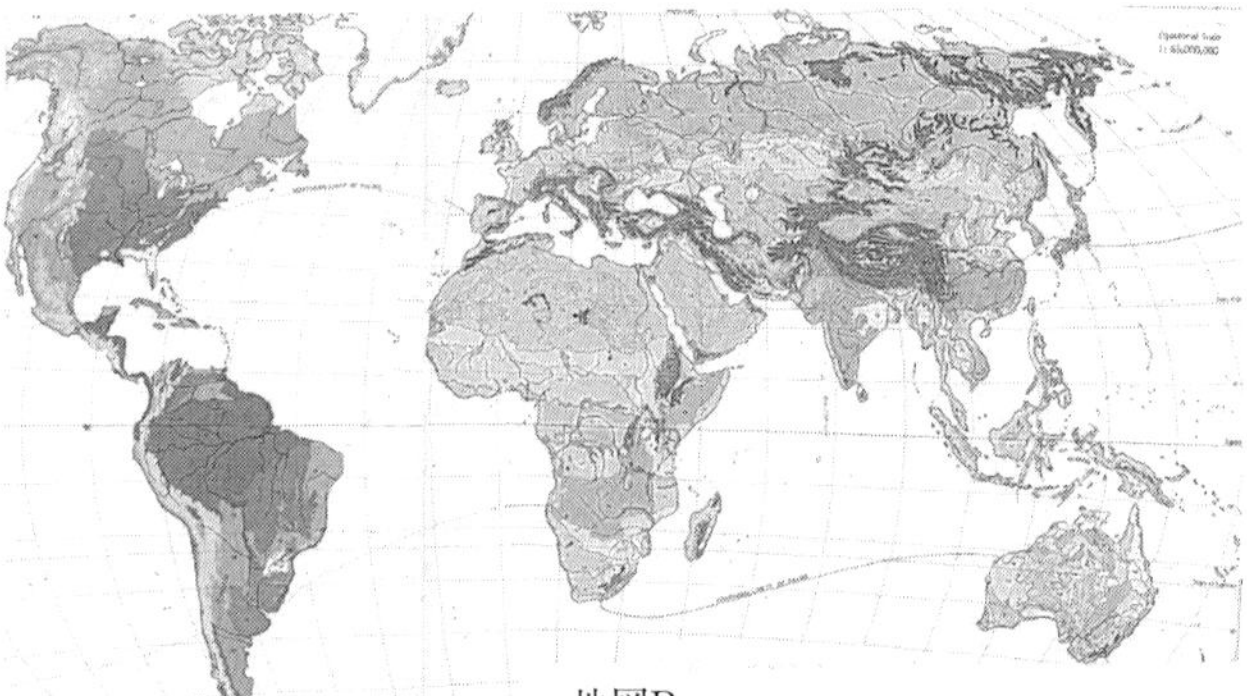
地図B

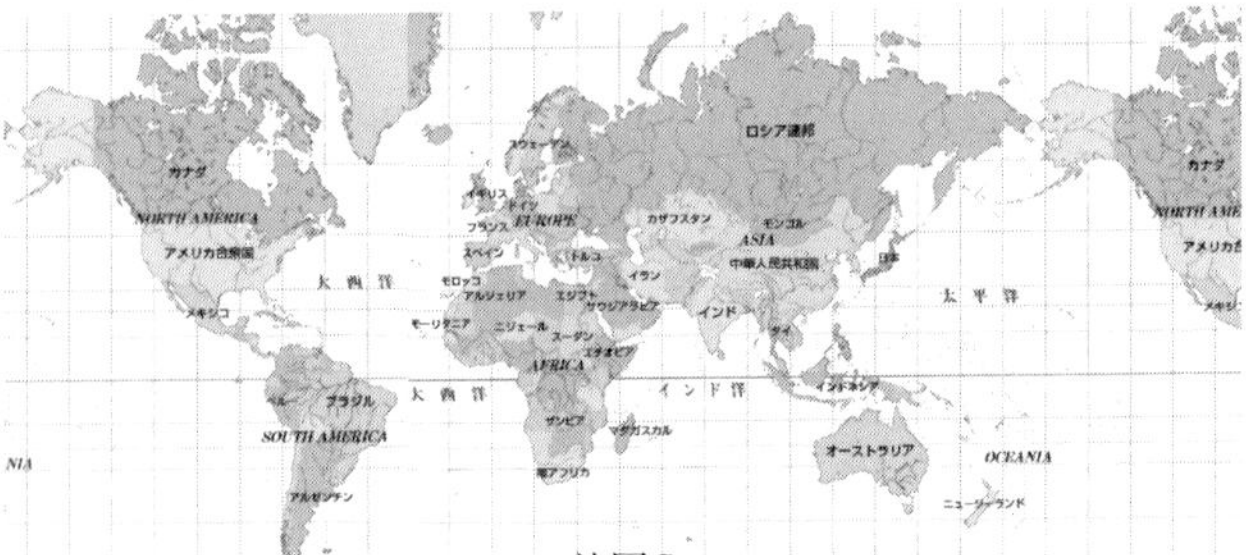
カナダ
NORTH AMERICA
アメリカ合衆国
メキシコ
大 西 洋
ペルー
ブラジル
SOUTH AMERICA
アルゼンチン
スウェーデン
イギリス
ドイツ
フランス
EUROPE
スペイン
トルコ
モロッコ
アルジェリア
エジプト
サウジアラビア
モーリタニア
ニジェール
スーダン
エチオピア
AFRICA
大 西 洋
ザンビア
マダガスカル
南アフリカ
ロシア連邦
カザフスタン
モンゴル
ASIA
中華人民共和国
イラン
インド
タイ
日本
インド洋
インドネシア
太 平 洋
オーストラリア
OCEANIA
ニュージーランド
地図C

むこの地域、つまりアメリカ大陸諸国とヨーロッパ諸国を結ぶ環大西洋圏に近代ヨーロッパは成立した。奴隷商人が行き来したアフリカ・イギリス・アメリカを結ぶ三角貿易が成立したのもこの地域だった。ここを基盤として近代ヨーロッパ世界、ひいては上述した十九世紀の諸ヨーロッパ植民地帝国が成立したのである。この地図で世界を見る時、日本は東の果て、極東（Far East）にあり、その間に「中東」と「近東」がある。「中東」「近東」という観念はこの地図Bをもとにしてだけ意味をもつ。このような地図はグローバリゼイションの現代には無用だろう。ところが、驚くことに，いまでもこの地図用語が通用していて、日本の新聞にはまだ「中東問題」「近東問題」という言葉がそのまま使われている。はやく、そのような言葉遣いから自由になり、せめて「西欧」「東欧」「西アジア」「中央アジア」「東アジア」と呼ぶべきだ。そうするときにやっとヨーロッパとアジアを結ぶ地球の一体化の問題が見えてくる。

このことにわたしの目を向けてくれた小さな経験を述べたい。二十年ほど前（一九九一年三月）サンフランシスコで開かれたアメリカ哲学会議に招かれプラトンについての講演をした後、帰途カリフォルニア州立大学アーヴァイン校で教えるアメリカの友人の家を訪れた。かれはニューポート・ビーチ（西海岸）に連れて行ってくれて、日米戦争の頃のことなど話してくれた。友人と並んで海辺に立って夕日が美しく沈んでゆくのを眺めていた時、わたしはつくづく、この海の向こうに日本があるのだと思った。日本とアメリカが海をはさんだ隣国だということがその時はじめて実感された。あたりまえのことだが、それはそれまで意識しなかったことだった。アメリカ人もそれほど実感として意識していないのではないか。西海岸の人たちは東部に向かっている。東部の人たちはさらに東のヨーロッパに向かっている。アメリカの白人系の人の祖先の土地はヨーロッパにあるからで、アメリカの人たちの顔はおおむね東に向かい、アメリカの西に何があるかはあまり念頭にないようだ。他方に、日本人の顔は明治期以降「脱亜入欧」といってもっぱら西に向かっている。アメリカはヨーロッパを越えてさらに西へ行った極西にあることになる。そして、逆に今度はアメリカから見ると西にあるはずの日本は「極東」で、太平洋はアメリカと日本およびアジアを結ぶものではなく、むしろ隔てるもののようだ(戦後、アメリカの占領軍向けのラジオ放送はFar East Networkと呼ばれていた)。

わたしはニューポート・ビーチに立っていたその時、照り映える夕照を眺めながら、「太平洋」を「戦さの海」ではなく、文字通り「平和を作りだす大洋（Pacific Ocean）」とする使命がわたしたちにあると心に誓った。(6)

地図Cをみていただく。地図Bでは消失していた太平洋の連続性がここではよく分かる。この地図でみればわが国の位置は中央アジアの東にあり、オセアニアと南北アメリカ大陸をつないだ環太平洋圏（＝太平洋を囲む圏域）の一環であることが一目瞭然である。この地図で見ると、今度は、アメリカ大陸はヨーロッパとアジアの中間に位置しこれを結ぶものであることが分かる。この地球化時代にアメリカが担うべき役割がここにあることをアメリカの人々に自覚してもらいたいと思う。

一九九三年から一九九四年にわたる一学期間、フィラデルフィアのペンシルベニア大学に客員教授として滞在し、Charles Kahn 教授と一緒に、プラトンの対話篇『ピレボス』篇の joint seminar をもった。セミナーの最後に、一緒に熱心に勉強してくれた学生諸君に、この趣旨の話をした時、かれらは好感を持ってその思いを聞いてくれた。

（ii）　ASEAN, APEC の精神的・霊的基盤の発見と確保　APEC（アジア太平洋経済協力・Asia-Pacific Economic Cooperation）とか、ASEAN（東南アジア諸国連合・Association of South-East Asian Nations）とか呼ばれる会議がある。これらは今述べた環太平洋圏、および、この地域につながる東南アジア圏の国々の人の集まりだが、主として経済問題を扱っていて、文化的な問題に関わろうとはしない。しかし、APECが関わるこの東アジア地域を結ぶ共通の精神的基盤がどこにあるかをひとびとはもっと積極的に考えなければならないのではないか。中国文化の影響を大きく受けた漢字文化圏の人びとの精神的連帯性を探ることはいくらか容易だ。しかし、東南アジアとオセアニアを包む地域の精神的・文化的な共通の基盤をどこに求めたらよいのか。さらに、南北アメリカ、オーストラリア大陸と東アジア圏全体を包む「環太平洋圏」の精神的な共通の基盤をどこに求めたらよいのか。種族的に共通な基盤としてはモンゴロイドとしての共通性があるはずだが、そこから、精神的・文化的にどのような共通性があるのだろうか。島国的孤立主義を克服してわたしたちはこれをたずねてゆくべきだと思う。

(iii)　世界文明史上の日本文化の特殊性と役割の自覚　　このような全地表的視点に立つとき、世界文明史上における日本文化の特殊性と役割を自覚することがわたしたちにとって大切であることが見えてくる。これは横軸の視界から出てくるのだが、そこに横軸と縦軸を結ぶもののあることも見えてくる。これまで見たところから明らかなように、日本は東アジア文化圏に属し、中国文化の影響を受け、漢字文化圏の一つとして日本文化は成立した。島国であることによって、日本は長く平和を保つことができた。しかし、そのため日本は海を隔てた国の人と付き合うのが下手だ。文部科学省は、日本人が英語を楽に話せるようになるために小学校から英語を教えたらよいと言うが、それは馬鹿なことである。大切なことをまず日本語で理解すること、そして理解したことを精確に外国人に伝えることが重要で、何が大切であるかを理解せず、したがって伝えるべきことを何ももたないのに英語ができても何の役にも立たない。伝えたいことをもっていれば、英語は下手でも相手は耳を傾けて聞いてくれる。世界に開かれていることは大切だが、自分を見失ってはならない。対話が成立するのは、相手に伝えるべきことを自分のうちにもつ時だからである。

日本の文字文化が成立したのは七世紀、聖徳太子の頃から、平安時代の盛期、一〇世紀のことで、重要なのは朝鮮から仏典と中国古典が伝えられたことである。文学の成立で考えると、『古今和歌集』の成立が九〇五年、『枕草子』が九九八年、『源氏物語』が一〇〇四年、『和漢朗詠集』が一〇四〇年である。この『古今和歌集』の成立から『和漢朗詠集』の成立までの百年間に日本の文字文明、すなわち日本文化らしい日本文化が成立した。それ以来、和歌の伝統は途切れることなく続いて，普通の日本人なら、いまでも千年前の『古今和歌集』の和歌を理解できる。これを可能にしているのは何だろうか。それは日本人がその頃から和文字と漢文字の両方を使う文化を習得したからだと思う。わたしはこれを「(和漢)両文字（bi-literal）」文化と呼ぶことにしている。いろは四十八文字は弘法大師、空海がつくったと伝えられてきた。空海は日本にいた時は主として漢訳仏典を読んだが(7)、中国に渡り，唐の都である長安でサンスクリット仏典を読むことを学んだ。漢字を一人前に学ぶのは大変なことである。しかし、サンスクリットはギリシャ語と同じ語族に属し、単純な音標文字で表記されている。空海はサンスクリットで仏典を学ぶようになってから、複雑な漢字の世界を越えることができたのではないだろうか。ちょうど古代ギリシャの哲学者が考えたのと同じように、音声を構成している単純な要素（=字母）が宇宙の原理をなしていると考えたのである。それが「マントラ（真言）」である。

ギリシャ語では音声を構成する要素のことを「ストイケイア（*stoicheia*）」という。ギリシャの哲学者たちは「ことば」を表現する音声の構成要素であるこの「ストイケイア」という言葉をそのまま宇宙の万物を構成する「原理」の意味で用いた。*Stoicheia* はラテン語で「エレメンタ（*elementa*）」と訳された。ユークリッドの『幾何学原理』という書名は「ストイケイア」であり、「エレメンタ」である。

しかし、おそらくそのとき空海は、言語の表記にはサンスクリットのように単純な要素の組み合わせによる音標文字の組織があることを学び、日本語（やまとことば）を表記するために音標文字の組織を案出したのではないか。それが空海の作といわれている「色は匂へと……」という和歌を構成する四十七文字で、これが「仮名文字」であり、この仮名文字を用いて「和歌」という日本固有の文学のジャンルが始まった。その最初の集成が『古今和歌集』である。それ以来、日本人には漢字と和文字を合わせて使う文学のほぼ千年の伝統がある。

漢文を返り点、送り仮名をつけて日本語として読むこともかなり古い時代からだと聞いている。これも仮名文字の使用によって可能になったことである。漢字に、中国語の発音に準じて読む「漢音」と、日本語の意味に従って読む「訓読み」の二つの読み方があり、これらを適当に合わせて文を作る日本語の特性もここから始まっている。こうして日本人は二通りの文字を自由に使い分ける習性を幼児期から獲得することによって、ある意味ではbilingual（二言語）の習性をはやくから身に付けているといえる。これが次に述べる日本固有の「合理性」を育んでいる。

漢字には本来の象形文字としての成り立ちにもとづく直観性がある。たとえば「日」「月」「人」という文字のもつ直観性。和文字は音標文字としての分析性と綜合性を備えている。たとえば「かた」「かたち」「すがた」という三つの言葉に備わる分析性と綜合性。この二つの種類の文字を自由に操る習性を幼児期から養われることによって独特の合理性が養われ、それが日本人に固有の合理性を作っているとわたしは思う。日本が明治期になぜそんなに早く近代化できたのかが、韓国の人にも中国の人にも疑問だったと聞いたことがあるが、わたしは、この日本固有の「両文字文化」のもつ合理性がそこでは働いていたと思う。

先ほど「共生」という二字熟語は日本発のものではないかと述べた。辞書にはない二字熟語を新しく創出して、新しい事柄を表現し、新しい問題領野を開拓してゆけるのはこの両文字文化によって培われた日本人の特性である。明治期以後、日本発の二字熟語が中国、韓国に移入された例は数多くある。「哲学」はその著名な一例である。

ところで、このような「両文字文化」がわが国で成立したのは唐の時代だった。唐の時代には東アジアと中央アジアと西アジアが一つに結ばれ、(8)さらに、西アジアはヨーロッパと結ばれていた。こうしてヨーロッパとアジアの文化が一つに結ばれていた時代に日本固有の文化の原点があることはきわめて重要である。

中国の歴史では、唐の時代は長い中国史の一こまに過ぎない。中国文化の原点はもっと古い時代にある。それゆえ、唐の時代に起こったことは一時期のこととして過ぎ去ってゆく。ところが、日本文化にとっては唐の時代が原点で、この時代に中国を通じてギリシャ的なものも、ペルシャ的なものも日本に入ってきた。それは法隆寺宝物から明らかだ。このことは、全地表の人類の共同了解をいま作り出してゆくために日本の果たすべき役割が何であるかを示唆してくれる。

中国の著名なアリストテレス学者である苗力田先生を北京に訪れた際（一九九四年）、興味深いお話を伺った。苗先生のお考えでは「日本は幸福な国だ」という。なぜかというと、日本は島国なので、外から入ってきたものが、いわば吹き溜まりのように溜まって、蓄積され、そのまま保存される。なるほど、長安を訪れて美術館で見た唐の時代の貴族の服装は着物の元祖のようだし、「喫茶」という言葉も唐宗時代に始まる言葉で，日本には栄西によってもたらされたもので，もう中国では一般には使われない言葉だという。「流れて過ぎ去る文化」と「溜まる文化」とでも言ったらよいのか。面白いものである。

ところが西ヨーロッパ世界ではアジアとの連続関係がその後途絶えてしまう。これがイスラーム世界の成立ということである。そして、ほぼ千年期から、十字軍が始まる。その頃から西ヨーロッパのキリスト教世界と西アジアのイスラーム教世界とは対立したまま、今日に至っている。日本文明がこの分裂に先立つ古代末期から中世のはじめに原点を持っていたことは、今日、地球化時代の全人類の共生を作り出してゆく上で、とても重要な意味をもっている。これからの千年期に全地表の人類が「共存」し「並存」するだけではなく、「共生」できるとすれば、東西の世界が一つにつながっていたこの時代に何らか帰ることが大切で、その時代に文化成立の原点をもつ日本の果たすべき役割は大きい。

(2) 神との和解――理性の回復、人間の自然の回復

地球化時代において宗教の重要性が見直され、多宗教間の対話が求められている。それは啓示宗教を相対化することではなく、宗教の根底にある一つの普遍的基盤を求めることである。そこに人間の自然(=自然の人間)の回復がある。

第一の視点(縦軸)と第二の視点(横軸)は一つとなり、そこに理性の秩序が回復される。

(i) キリスト教・「天におられるわたしたちの父」　存在の施与性の認知に人間の自然・理性・宗教の根源がある。

キリスト教徒はイエスに教えられた祈りとして「天におられる私たちの父よ」と毎日祈っている。「天におられる」という言葉の意味を宇宙にロケットが飛ぶこの地球化時代にわたしたちは子供たちに教えることができるだろうか。それができなければ

オラーシス（ローマ・プリシラのカタコンベ，3世紀半頃）

ばキリスト教は失格であり、その存在理由を失う。これを「比喩」だと説明しては事の本質を捉え損なうことになる。(9)「天」は、本当は、宇宙ロケットが飛ぶ「空」ではない。「天」とは、人間が地上に直立している時の上方を表す。つまり、ひとが真直ぐに立つための基準ということである。だから、「真直ぐ」（*orthon*［ギリシャ語］、rectum［ラテン語］、right［英語］）という言葉は多くの文化伝統においてひとしく「正しさ」という意味を担っている。真直ぐに生きること、曲がった仕方でなく生きることが大切なのだ。「天」とはその基準である。それでは「地」とは何か。「地」とは、私たちが生を享りた場所、そこでわたしたちが生きている場所である。そして、「人」とは、この地上で私たちが生を共にし、生を分かち合っている人たちのことである。(10)キリスト教が成立した時代の古い伝統的な「祈りのかたち」として「オラーンス（Orans「祈る人」）というかたちがある。それはまっすぐに立ち，両手を挙げ、見えない何ものか（＝神）に向かい合うかたちである。それは人が神に向かい合うもっとも根本的なかたちだった（前頁図参照）。

「オラーンス」とは

「わたしはこのわたしの存在を恵みとして享けました。

そして今、わたしはこのわたしの存在のすべてをあなた（与え手）にお返しします」

という表現である。そのことの身体表現がオラーンスというかたちなのである。

『詩篇』第四十七（四十八）篇冒頭には

「主は偉大である。大いに讃めたたえられるに値する」（Magnus Dominus et laudabilis nimis）

と歌われる。それはイスラエルの宗教が唱え続けてきた宗教表現の基本である。これは「オラーンス」が身体表現として表しているものと同じである。

アウグスティヌスの『告白録（*Confessiones*）』の冒頭も

「主よ、あなたは大いなる方です。いとも讃えたたえられるに値します」（Magnus es, domine, et laudabilis ualde.）

という言葉で始められている。ここではアウグスティヌスはイスラエルの民の信仰表現であった『詩篇』の言葉の「主は……である（dominus…est.）」という三人称表現を「主よ，あなたは……です（…es, domine）」という二人称表現に変えて自己の信仰表現とし、自己の回心という業を成就した神の憐れみの業の偉大さをたたえる表現としている。(11)『詩篇』はキリスト教典礼でも長く唱えつづけられてきた祈りの基本であり、アウグスティヌスの『告白録』もラテン語キリスト教文献の古典中の古典である。これは「オラーンス」というかたちを言葉として表現する「祈り」にほかならない。

新約の二つの掟は「神を大切にすること（Deum diligere）と隣り人を大切にすること

(proximum diligere)」である。「オラーンス」として表されているものがひとの身に付き、肉となるとき、ひとの身と心はこの新約の掟へと自然に向けられるものになる。

人が自己の存在のすべてを恵みとして享けたものであることを認め、そのすべてを「与え手」に返し、「与え手」の意のままに任せるとき、自然に人の心は開かれ、「与え主（＝神）を大切にし」、「隣り人を大切にする」身と心が作られ、その時、「人間の自然」（＝「自然の人間」）が回復される。「理性」とはこの本然の性を回復させるものにほかならない。そのようにして本来の「人間の自然」が回復されるとき、「自然の内における、人と人、人と自然の共生」の達成される道が開かれる。そこにまた真の宗教も回復される。

（ii）イスラーム教

礼拝（サラート）

――「アッラーフ・アクバル（アッラーは偉大なり）」（タクビール）

イスラームの祈りの根本にもこれと同じ形がある。イスラーム教の宗教信心の基本に「六

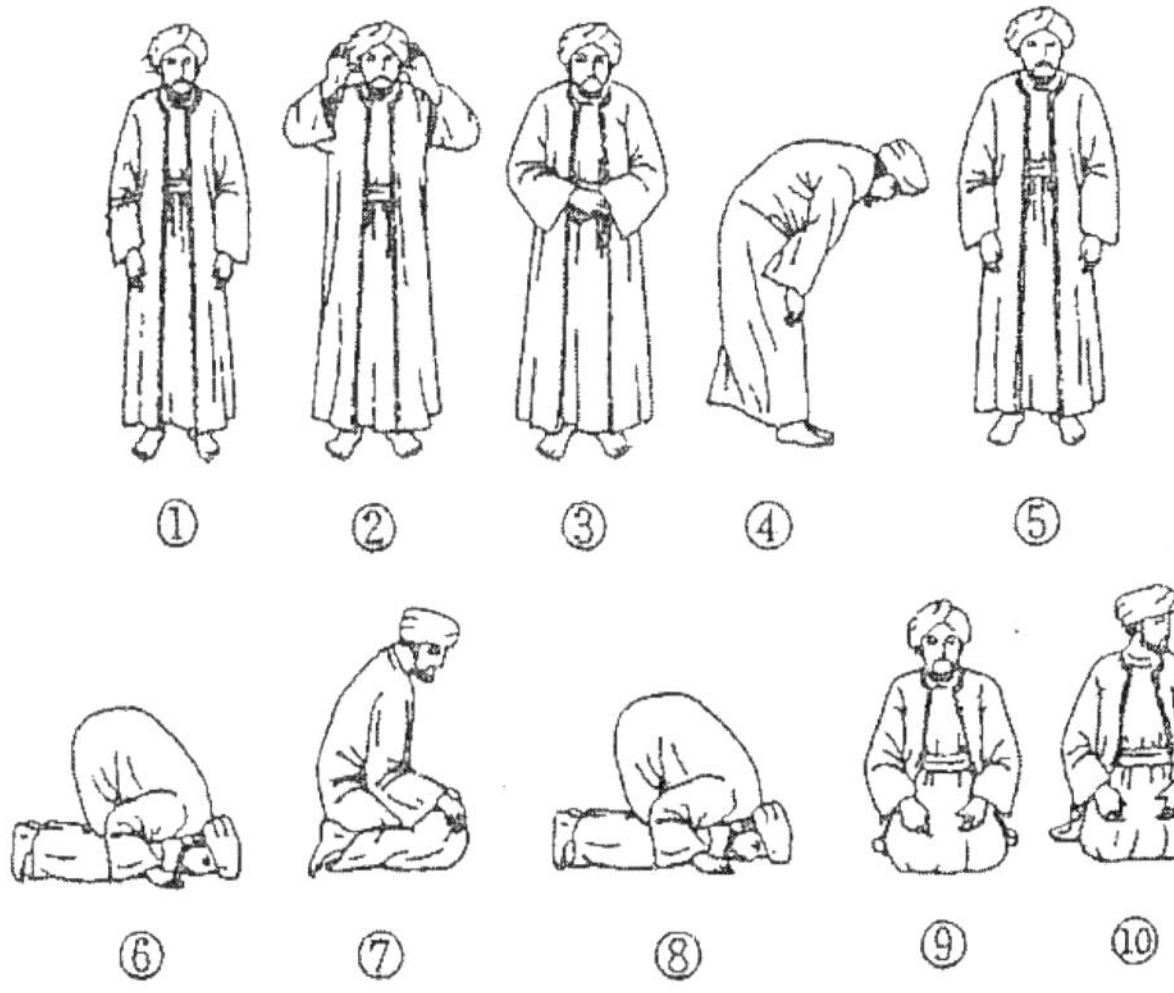

サラート図解

信」「五行」がある。「五行」の中心は「サラート（礼拝）」である。上図をみていただきたい。イスラーム教徒はこれを日に五回行なう。イスラーム教徒のモスクでの礼拝の様子がテレビに映し出される時、みなが床に平伏している姿ばかり映し出されているように思うが、それは「サラート」の一齣に過ぎない。サラートの基本は最初にまっすぐ立つこと、これはアッラーに向かって立つことである。そして、両手を開いて耳の高さにあげて、「アッラーフ・アクバル（アッラーは偉人なり）」と唱える（タクビール）。「アッラーフ・アクバル（アッラーは偉大なり）」は上に述べた『詩篇』の「ヤハウェ（主）は偉大なり」とまったく同じである。上述したように、それはイスラエルの宗教伝統の基本だが、そのままキリスト教典礼の基本でもあった。イスラーム教徒もユダヤ教徒もキリスト教徒もそれぞれの宗教の基本に同じ祈りの形をもっている。

イスラーム教徒が一日五回行なう礼拝において「アッラーフ・アクバル（アッラーは偉大なり）」という言葉は何度も繰り返される。この言葉を唱える「タクビール」の後、ひとは直立礼をし、その後屈折礼を行なうが、その際、「至高なるわが主に栄光あれ」と三回唱えられる。そして、また直立礼をし、これを「われらの主よ、あなたに称讃あれ」と唱えながら行なう。こうしてこれに続く平伏礼でも「至高なるわが主に栄光あれ」と三回唱え、座礼で許しを乞う。こうした、一連の「サラート」の最後に「サラーム」と呼ばれるものがある。それは正座したままで、首を右に向け「あなたがたの上に平安とアッラーの慈悲がありますように」と唱え、続いて左に向け「あなたがたの上に平安とアッラーの慈悲がありますように」と唱える。わたしは東京のイスラームのモスクでこの様子を拝見して、これは「完璧な祈りのかたち」だと思った。すべての宗教行為の基本がそこにあることが理解される時、多なる宗教間の対立抗争はなく、互いの共同了解が生まれる。

さらにラマダーン月の断食がある。昨年、復活祭を準備する四旬節に、ローマ法王が全カトリック教徒に向かって、ラマダーン月の終わりの一日をイスラーム教徒と一緒に心を合わせて断食するように勧めた。わたしも一緒にやってみたが、結構、お腹がすく。いまは飽食の時代であり、大量生産で何でももものを捨てる時代である。しかし、これははっきりと間違いだ。自分もお腹がすいている時、ひとはお腹がすいている人のことに思いを馳せることができる。イスラームではそれを大切なことと考えている。喜捨もイスラームでは大事なことの一つである。社会福祉が民主政治で制度化される時、ひとは「こころ」に保つべき隣人への Compassion を忘れるのではないだろうか。それは宗教心が失われることである。

（iii）　日本人の宗教性・仏教の宗教性

日本人が神社にお参りする場合も、まずまっすぐ立つ。まっすぐ立つことは向こうにある聖なる何ものか、わたしたちの生きることの基準になっているものに向かい合うことである。[12] そこで人が「ぬかずく（＝拝礼する・頭を垂れる）」とすれば、それは、わたしたちがわたしたちの存在を享けたものであること認め、このわたしたちの存在のすべてを与え手にお返しすることを意味している。古来の宗教表現に含まれているこのかたちは、日本古来の人びとが「自己の存在のあるがまま（＝人間の自然＝自然の人間）」を表明し、「真理（＝まこと）」につくための形式である。

仏教も同じである。子供の頃、父の郷里の田舎で習い覚えた言葉がある。

「人身享けがたし、仏法あうこと希《まれ》なり……」（禅宗修証義）

「人身享けがたし」とは、わたしたちが人間として生まれてきたことはなかなか得られない縁によって――キリスト教では摂理と言うだろう――享けたことであり、これを恵みとして知るという意味である。「仏法あうこと希なり」とはやはり仏法――それは（仏の）慈悲ということ――に出会ったことはやはり得がたい恵みだった、だから、それにふさわしいことをしなければならないというのが仏教である。釈迦の前生譚に、洞穴で虎の子どもが飢えているのを見て、釈迦は身を洞穴に投げて、自分の身を虎の子に食べさせたという説話がある。これは己の生命を捨てなければ真の生命を享けることができないといわれたイエスの言葉につながるのではないだろうか。そこには同じ一つの宗教性がある。ひとが或る宗教に帰依するのは、或る機縁によって、そういう恵みを受けているということであり、だれもこれをおのれの誇りとすることはできない。他の宗教との違いをあげつらっておのれの宗教を誇るのではなく、すべての宗教に通ずる同じ一つの基盤があることに目を向けるべきではないか。そこに多元な文化、多元な宗教間の対話と共同理解の基盤が作られる。そこに同じ一つの真理のうちにあって生きるものの「赦しと友愛」の「自然の内における共生」の知恵が築き上げられる。

東アジアからの声

東アジアの文化圏に属するわたしたちには、「天地人」という三つの言葉のもつ意味をただしく理解することが求められる。これは『易経』(13)にある言葉で、この三つは中国の文化伝統を形作る基本の世界把握である。儒教も道教もこれをもとにしている。「天地人」は、「三才」または「三極」と呼ばれ、そこから宇宙万物が成り立つ元である。「才」は「芽生え」の意味であり、生きものがそこから生ずる始めだ。「極」は「終極」のことであり、すべて中間のものがそれに支えられる極だ。(14)日本人の自然把握はこれにもとづき、文学、芸術の基本もこれに支えられている。

天地人　敬う身こそ　楽しけれ

月雪花を　わが友として

これは明治から昭和にかけて生きた一農民の歌である。この人は「天地人」の三つを敬うことが人間にとって大切なことだと考え、自分を「三敬」と号した。「敬天」という言葉は中国の伝統にもある。「大地」を大切にすることも古来あった。しかし、「敬人」ということは中国の伝統にはないようだ。この人は明治を生きた日本人の意識として、「天地人を敬う」ことが人間の基本の道だと考えた。「月雪花」は日本の自然である。天を敬う、地を敬う、人を敬う、そのようにして自然と共に生きることをこの人は大切だとし、そのように生きることを喜びとした。それは日本人らしい生き方である。しかし、それはいまやこの地球化時代のすべての人にとって「自然の内における共生」を求める生き方として、普遍的な意味をもつのではないだろうか。(15)

第五章　報復の正義と赦しの正義
――共生の正義を求めて――

序　共生の正義を求めて

「報復の正義と赦しの正義」という主題は、今生きている人間、誰もが考えざるをえない問題である。

イエスが弟子たちを遣わす時「わたしがあなた方を遣わすのは狼の群れに送りこむようなものだ。だから蛇のように賢く、鳩のように素直になりなさい」と語ったと福音書に伝えられている（『マタイによる福音書』一〇・一六）。わたしはこれを逆に「鳩のように素直に、蛇のように賢く」とし、皆様と共有するはじめの言葉としたい。「鳩のように素直に」とは、私たちがまず素直な真っ直ぐな心に立ち返り、心のうちに響く声に耳傾けることである。それは理念としての「正義と公正」の声に聴きいることである。しかし、この理念はこの世界にすぐ実現されるわけではない。この理念を実現するには周到な配慮をめぐらし、可能な限りの知恵を尽くし、人々の間に対話を行い、共同の了解の輪を作り上げてゆかなければならない。「蛇のように賢く」とはそれを言う。

わたしどもはいま人類がこれまで経験したことのない新しい時代に生きている。それぞれの時代はいつも新しい時代であり、前の時代とは違うものだった。しかし、二十世紀の百年間に大きな変化が起こった。それまで当たり前だと思っていた考え方がそのままでは機能しなくなっている。それなのに、ひとびとはまだこの新しい時代をどのように生きるか、全地表の人々と相携えて平和に生きる共生の知恵がどこにあるかを見出しえないでいる。そこから、さまざまな混乱と争いが起こっている。いまこそ、わたしたちは共生の知恵を見出す共同の探求を始めなければならない。そのとき、キリスト教がはたして意味をもつのか、イエスのメッセージがまだ何か意味をもっているのかを、キリスト教に関わるすべての人は答えなければならない。わたしは一人の哲学者として、イエスのメッセージが全地表の人々と共に生きる共生の知恵としてどのように働きうるかについて、いま考えられる限りのことを披瀝し、皆様のご批判にゆだねたい。

（1）地球化時代としての現代

「地球化時代としての現代」とは経済の一元化というような局所的な範囲のことではない。それは二十世紀の技術の進歩、とりわけ交通手段、伝達手段の飛躍的な変化によって起こった全人類の新しいあり方のことである。いまや全地表のどこかで起こった一つの出来事を全世界の人々は同時に眼にすることができるようになった。人々のもつこの「同時性」は人々の「同所性」を作り出す。つまり、或る一つの出来事を全世界の人々が同時に眼前にすることによって、全世界の人々が同じ現場に居合わせることになるのである。このような、全地表の人類の「同時性」と「同所性」がある現代においては、それまであった世界の枠組み、つまり近代を成立させていた近代国民主権国家、植民地主義、ヨーロッパ中心主義、イデオロギーの対立である冷戦構造がもう機能しなくなっている。ところが、この新しい状況にどう対応したらよいか分からないでいるのが世界の現状である。

（2）現状　01・9・11以後

01・9・11以後、世界は変わった。世界貿易センタービルの倒壊はアメリカ合衆国の人々にパニックを引き起こした。九月十二日、十三日のニューヨーク・タイムズやワシントン・

ポストを見ればすぐ分かる。ブッシュ大統領の最初の言葉は「犯人を見つけだして処罰する」だった。しかし、次にはもう「オサマ・ビン・ラディンその他の一味」という言葉が飛び出し、「これは戦争だ、自由の国アメリカに仕掛けられた戦争だ」という大統領の言葉が翌日の十二日や十三日の新聞に踊っている。こうしてアメリカ合衆国はいっきに戦争に突入した。その時、あれは一体何だったのか、なぜそんなことが起こったのかという配慮をめぐらす余裕はなくなっていた。そんなことを問題にするともう非国民呼ばわりされ、アメリカ中が patriotism（愛国心）、retaliation（報復）の一事で覆われてしまった。そこから、国際テロリストの組織を撲滅するのがアメリカの使命である、国際テロリストを隠まっているもの、隠まう可能性のあるもの、隠まう疑いのあるものはすべてアメリカの敵である、それゆえ先制攻撃してこれを潰してしまえということになり、「イラク戦争」に突き進んでしまった。その結果何が起こっているかはわたしどもが日々見聞きしているところである。しかし、こういう状況を見聞きするわたしたちには、これで本当に平和が回復されるのかという疑問が起こってこざるをえない。そして、いったい「報復」とは何か、「報復の正義」とは何かをあらためて問わずにはいられない。また、キリスト信者としては、イエスの説く「赦し」がはたして正義の役割を果たしうるのかが問題にならざるをえない。「赦し」は恩恵なのか、正義なのか、報復は正義なのか、戦争は正義なのか、仕掛けられて仕返しをする戦争は正義なのかという問題を、わたしたちはいま自分自身の問題として心を静めて考えなければならないのである。

（3）　報復の正義と赦しの正義という主題

「目には目を、歯には歯を」といわれているのをあなたがたは聞いている、しかし、わたしはあなたがたに言う、悪いものには刃向かうな、だれかがあなたの右の頬を打つなら、左の頬を向けなさい……」（『マタイによる福音書』五・三八―三九）

これは山上の説教の有名な一節である。キリスト信者にとっては、それをどう受け取ればよいのか、何でも盗られたら盗られたままにしておきなさいということなのかということが深刻な問題になる。哲学者としてのわたしには、この問題に答える手がかりを得るために、すこし回り道をして考える必要がある。

「よいことを為せ、わるいことは為すな」がわたしたちに課せられた道徳的命令だといわれる。カントという哲学者はこれを難しく言って「あなたがいつもやっていることがすべての人の普遍的命令になるように行動しなさい」ということが「道徳の原理」だとした。これはその後、近代、現代に至るまで理性的な道徳の基準として考えられてきた。しかし、私にはそれはすこし単純すぎるように思われる。行為の「よさ」という問題は、もうすこし広い文脈の中に置いて、（行為の）「ただしさ」とか「立派さ」とかいわれる他の種類の「値打ち（＝価値）」に関係付け、行為の「価値（＝値打ち）」を定めるさまざまな「価値」一般の文脈の中に位置づけてこれを考えなければならないと思う。これはわたくしが生涯の研究主題としてきたプラトン・アリストテレスのギリシャ古典哲学の研鑽の途上でえられた知見であるが、わたくしは同時に、これをわたしたちが日頃用い、その中で生きている日本語の中で考えるべき問題であると思っている。

道徳の問題は各人がその中で育まれ、その中で生きている伝統文化と固有の言語の中で養われて、各人が生きている事柄である。しかし同時にそれは文化と言語の相違を越える人類一般に通ずる普遍的な事柄に関係付けられ、「人間性」一般を成り立たせる事柄として理性的に認識し直されなければならない。それは、わたしたちがその中で生きている日本語の文化伝統を全地表の人類に通ずる普遍的な規範に関係させて認識し直すということである。多文化共生の時代といわれる現代にわたしたちが「平和」をもたらすために何か寄与できるとすれば、そこにわたしたちがまず踏むべき不可欠の階梯がある。「ただしさ」とは何かを考えるにあたっても、行為の値打ちを定める他の値打ちとの関連のなかで、「ただしさ」という「値打ち（＝価値）」のもつ位置を考えなければならないのである。これをわたくしは「価値の構造」の問題と呼んでいる。そこで、はじめに、この価値の構造の問題を考えておきたい[1]。

I　価値の構造

(1)「評価」について

わたしたちは人間として生きている限り、言葉を使い、言葉の中で生きている。世界のうちに起り、身の回りに起る一つ一つのことを、たとえば今風が吹いている、木の葉がそよいでいる、犬が走っている、自動車が走っているというように、一つ一つの事実として判断して生きている。これを事実判断と呼ぶ。これなしに私どもが人間らしい生き方を生きることはできない。そこでは真偽という基準がその値打ちをきめることになる。しかしそこで同時に、そのことがよいことなのか悪いことなのか、ただしいことかただしくないことか、立派なことか立派でないことかが問われてくる。これを定めるのが価値評価（evaluaiton）の働きである。価値評価は事実判断を前提にしてその上で出てくることなので、二十世紀のイギリスの哲学者はこれをsupervenient（その上ででてくるもの）と特徴づけた。(2) 評価の働き、すなわち「価値判断」は事実判断ではないが、事実判断があって、その上で出てくる価値の裁定である。それゆえ、もしも事実判断に間違いがあったら、正確な価値判断はできない。しかし、事実判断といっても、わたしたちが生きている世界は「木の葉がゆれている」というような単純な一つの事実に関わっているだけではない。いくつもの事実と事実、事柄と事柄が組み合わされて、それらが一つのコンテクストを作り、一つの物語として構成されているのがこの世界であり、そういう世界の中にわたしたちは生きている（「歴史」とはおよそそういうものである）。それゆえ、報道、メディアがそこで重要な働きを果たすことになる。どのような事実と事実とを組み合わせて報道するかによって、作り上げられる物語は違ったものになるからである。いわゆる「でっちあげ」もそこでは簡単に起こる（現在の世界に起こっている事件についてもそういうことがしばしばあるが、いちいち例を挙げない）。そこで、わたしたちにはそこで報道されていることのどこに本当の真実があるかを自分で見極めることが必要になる。そこに現代に生きるものにとって欠かせない「真実」という最初の「価値」に関わる問題がある。(3)

しかし、さらに、このような事実判断を前提として生ずる価値判断には三つの種類の「価値」があることを心得ておかなければならない。これらを「超越価値」とか「枢要価値」とか呼ぶ。それはそれなしには人間の生きていることが成立しなくなるからであり、各国文化の違いはあっても、すべての人間はこれら三種の価値に基づいて生きているからである。日本語では「立派なこと」、「ただしいこと」、「よいこと」と呼べばよいとわたしは考えている。ギリシャ語では、「カロン（*kalon*）」、「ディカイオン（*dikaion*）」、「アガトン（*agathon*）」と言う。これら三つの価値の交錯する場に生きるところに人間の生き方の現実がある。各国の文化伝統においてそれらはいつも同じではないにしても、この三つの価値が人類に共同の普遍的価値であるのは間違いなく、これにもとづいて、世界の共同性が作られ、人間の真の自由が実現される。つまり、評価の働きはこれらの価値が交錯する場で働くものであることを心得ておくことが必要である。

分かりやすくするために次のように考えてみたらどうだろう。「ただしい」という言葉の反対語は「ただしくない」である。そこで、もしも、あなたが他人に「あなたはただしくない」と言われたとしたら、あなたは黙っていられるだろうか。「どこがただしくないのか、いやそんなことはない」とそのひとに反論せざるをえなくなるのではないだろうか。つまり、「ただしさ」とは人と人との関わりを成り立たせるもっとも基本的な事柄なのである。アリストテレスはそれゆえ「ただしさ」を「他人のための善、または他人にかかわる善（*cllotrion agathon*)」であると規定した[(4)]。「ただしさ」が破られるところでは、人と人との間の協和的な関係が破られ「反目」と「争い」が生ずる。反対に、「ただしさ」があるところに人と人との間に「和解」が生まれ、「協和」が保たれる。

これに対して、「立派なこと」という価値について考えてみると、あなたのしていることについて「それは立派なことですね」と他人にいわれたとしても、「まあ、そうかもしれません。でも私はとても立派なひとではありません」と謙遜して言うこともできる。「あなたは立派な人だ」と言われても「私はまだ立派な人ではありません」と言うこともできる。「立派なこと」とは賛嘆を呼ぶ素晴らしいことである。それは「美」とも言われる。光景についても言われるが、人のあり方についても、国のあり方についてもいうことができる。「立派な国」とか、「立派な人」とかはそういう一つの完成体である。それがすぐ得られるとは限らないが、それはそれ自体としての値打ちを持っているので、これを「自体的な価値（intrinsic value）」と呼ぶ。

「よい」という言葉も当たり前によく使われる言葉である。しかし、そこにはさまざまな使われ方があり、さまざまな意味がありうることに注意する必要がある。伝統的には三つの「よさ」が区別されている[(5)]。「人の人としてのよさ」、「身体のよさ」、「外的なよさ」の三つがそれであり、「人の人としてのよさ」は「徳」と言われてきたものであり、「身体のよさ」は健康、

「身体の悪さ」は病気である。「外的なよさ」は財産であり、反対は貧困である。日本語でも「よい」という言葉にはそのような多様な用法がある。それゆえ、「よい」「悪い」という言葉だけで、そのものが完全に「よい」か「悪い」かを決めることはできない（たとえば、学校の成績について考えてみればそれはすぐ分かる）。

「よい」「悪い」は、むしろ、しばしば「よりよい」「より悪い」という比較的な価値として使われることが多く、「絶対によい」と言うのはなかなか困難である。さしあたり「まあ、そちらのほうがよい」というところで機能していればよい。「政策」決定の場所もそういうところにあり、「さしあたりこの方がよりよい」か「より悪い」かを考慮することが重要になる。たしかに、そこでも「ただしいか」「ただしくないか」は問題になるが、それだけで「よりよい」「より悪い」を決定するのは難しい（「国益」を顧慮するとはそういうことである）。それゆえ、「ただしい」と「よりよい」という価値は区別しておくことが必要になる。それゆえ、「よい」という価値は「関係的な価値（relational value）」だと呼ぶことができる。つまり、「よい」はいつも「……にとってよい」という形で機能するということである。だから、それが何に関係して言われるかによって、「よさ」には「人としてのよさ」と「身体のよさ」と「外的なよさ」という三種の「よさ」があることになるのである。――こういうことの全体が理解された上で、全体の関連の中で「立派さ」が何であり、「よさ」が何であり、「ただしさ」が何であるかが掴まれてくる。そのような価値の構造を前提した上で、人間としての価値の全体を実現するとき、「真実の人」が生まれ、「真実に従った人」が生まれる。この場合の「真実」は先に触れた事実判断に関わる端緒的な「真実」ではなく、価値の構造の全体性を前提した上でその全体性の実現として成立する終極的な「真実」である。その時はじめて、人は自由なる人として自立することができる。そういう人が自由な人である。そういうものがまだないのに、ただ人と人が集まって自由にきめたのだから、「それはただしいことだ」と言っているだけでは人間の本当の真実は失われてゆく(=形式的民主主義)。しかし、それに似たことが起こっているところに今日の世界の現状、人間の現状の混乱がある。

そこで、ここであらためて「ただしさとは何か」という問題を取り上げる必要が生じてくる。

(2)「ただしさ(正・義)」とは何か

「ただしさ」とは「他人のための善、他人にかかわる善」であると述べた。このことを理解するために、いま、「ただしいひと」と「ただしいこと」、つまり「ひとのただしさ」と「ことのただしさ」を区別してみる。そうしたとき、「ただしい人はただしいことをする」、「ただしいことをする人はただしい人である」というように、この二項（ただしいひと・ただしいこと）は相互転換することができる。これはまず、日本語の通常の語感としてそうだと考えておきたい。言葉の意味をはっきりさせるには、言葉を使っている人がまず通常の語感でそのように用いているという、もっとも手前の「日常の用法」を大切にすることから考え始めることが大切である。それが日本語で哲学することの出発点である。

（ⅰ）「ただしさ」の二義

ところが、もう一度考え直してみると、そのような基本的な用法のほかに、「ただしさ」という言葉は二つの異なる意味で使えることに気づく。それは数学の答えがただしいという場合の「ただしさ」と、そのひとの行いがただしいという場合の「ただしさ」の二つである。前者を「ただしさB」、後者を「ただしさA」と呼ぶことにする。

「ただしさB」とは規則に合致した「ただしさ」を意味する。「消火器のただしい使用法」「コンピューターのただしい使用法」という場合がこれである。これはモラルとは関係がない（わたしはコンピュータの初心者なので、時々間違った使用法をする、そうすると、「あなたは不正使用をしたから、このプログラムは強制終了する」という画面が出てくる。(6) これは語の間違った使用法だと思う。それは「不正使用」ではなく、「間違った使用」に過ぎないからである）。

これに対して「ただしさA」は「ただしい人の行い」がもっている「ただしさ」である。人と人を結び合わせる親愛のきずなと先に言ったものはこれである。

伝統的な用語法を省みると、「ただしさA」をあらわす言葉はギリシャ語では*dikaion*であり、「ただしさB」をあらわす言葉はそれとは語根を異にする*orthon*いう言葉である。*orthon*は「まっすぐ」を意味する言葉で、たとえば「直角」を意味する言葉である。英語ではrightという言葉にあたる。これは「ただしい人」を表すためには用いられず、「ただしい人」を表す言葉は*dikaios*である。ラテン語もこれに似ていて、「ただしさA」を表すのはiustumであり、「ただしい人」を表すのはiustusである。*orhton*（直・right）に当たるものはrectumである。このように哲学の古典伝統を作ったギリシャ語とラテン語では、これら二つの「ただしさ」は別の言葉で表されていて、混同は起こりにくかったが、日本語ではこの区別がない。そのためこの二義の混同が起るので注意する必要がある。

（ii）ただしいひと（*dikaios*, iustus）のただしさ（*dikaion*, iustum）とは何であろうか。

まず「不法な人」・「不法な行為（法律に違反する行為）」と「合法な人」・「合法な行為（法律に違反しない行為）」を考えて見る。すると、合法性は「ただしさ」の基準とはならないことに気づく。なぜなら、合法な人であっても、ただしくない人はいくらでもあるからである。また、不法な行為が、ある場合、ただしい行為でもありうるからである。したがって、法律は「ただしさ」にしたがって制定されるべきであるが、「ただしさ」は法律によって規定され尽くすものではないと言わなければならない（国内法であれ、国際法であれ、これは同じである）。

ここで「ただしさＢ」と「ただしさＡ」の混同がしばしば生ずる。それは「法律」という規則に適っていること、つまり「合法性」としての「ただしさＢ」がそのまま無条件に「ただしさＡ」、つまり「人の人としてのただしさ」であると思い込むことがあるからである（実例は枚挙に暇がないので省く）。

では、「ただしさＡ」、つまり「人の人としてのただしさ」はどこに求められるだろうか。「ただしいひと」とは「ひととの関わりにおいてただしいひと」のことである「ただしいひと」とは「ひととの関わりにおけるただしさを保つひと」のことであるということができる。つまり、「ただしいひと」とは人と人との間に真の和合をもたらしうる人のことである。

（iii）　さらに、「ひととの関わりにおけるただしさ」とは何であるのかと問えば、それは「公正（equitas, equity）」のことであると言われる。そして、これはさらに伝統的には「各人に各人のものを分け与えること（suum cuique tribuere）」であると定義される。そして、この

「各人のもの」、つまり「各人に本来属するもの」を分け与える「配分の正義」（＝公正）を考えるにあたって、「均等の正義」（頭割りのひとしい配分）と「比例的な正義」（各人の値打ちに応ずるひとしい配分）の二種があり、この二つの正義（＝公正）を適切に混ぜ合わせることにより「公正（equitas）」、つまり「ひととの関わりにおけるただしさ」としての「正義（*dikaion*）」が実現されるとアリストテレスは規定した。

（.iv）「ひととひととの間のただしさ」が実現されるとき、ひととひととの間に「親しさ（*philia*）」が作り出され、「和合」が作り出される。そして、ひととひととの間に「親しさ」が作り出され、「和合」が作り出される時、「ひととひとの共同の結びつき」、つまり「公共性」（*koinonia*, communitas）が作り出される。

――これらの考えは主としてプラトン・アリストテレスによって確立された「ポリス共同体（*politike koinonia*）」の理念である。古代ギリシャのポリスがもっていた歴史的制約（奴隷制ほか）を取り払う時、これは今日でも普遍的に通用する「ひととひとの親しさ・和合」を実現する「公共性」の理念である。

しかしさらに、「配分の正義」における「比例的正義（値打ちに応じた配分）」をきめる際に、「ただしさ（正）」のほかに、「立派なこと（美）」と「よいこと（善）」という基準が同時に機能しなければならない。この点についてはさらに詳論を要するが、ここでは、さしあたり、これによって、単なる「平等社会」ではない「人間の完全な共同体」の理念が実現されるとだけ言っておきたい。

(3) 共生の正義とは何か

はじめに述べたように、全地表のひとびとが同時性を持つことによって同所性を共有することになった今日、(全地表の人類の)「共生の正義」が求められなければならない。「共生の正義」とは全地表のすべてのひととひとを結ぶ「公共性 (*koinonia*)」の正義のことである。

それは「世界国家」の実現を求めることではない。民族、文化伝統、宗教の多元性の表面化は「全地球化 (globalization)」がもたらした世界の現状である。それゆえ、他民族、他文化伝統、他宗教の固有の尊厳を認め、許容する、「近代主権国家」の枠を越えた「共生の秩序」がいま求められなければならない。それが容易なことでないのは目に見えている。しかし、これが実現されないかぎり、人類に明るい未来はない。

この「共生の正義」を追求するために次の二点を顧慮しておきたい。

「共生の正義」のためには「すべてのひとをひととして尊重すること」が出発点となること

は疑いない。この際、日本語の「ひと」は同時に「他人（ひと＝他者）」をも意味するということを大切にしたい。(7)「ひとを尊重する」とは「他人（＝他者）」をひとしく尊重することなのである。しかし、これをただちに全地表のひとびとに広げるのは難しい。まず、日本は近い過去に自分たちと違う伝統をもつ「他者（ひと）」を無視し、軽蔑する過誤のあったことを認めなければならない。この誤りを改め、「近いひとびと」、さしあたり漢字文化圏という文化伝統を同じくする東アジア圏の人々との間の共同理解を作る内的な「親しさ」を求めなければならない。さらに、APEC, ASEANと呼ばれる範囲の人々と、内的・精神的な「親しさ」を求めてゆくことが大切である。(8)

次に「ひとをひととして大切にすること」は「あなたの隣りの人を大切にしなさい（いつくしみなさい）（proximum diligere）」というイエスの命令ときわめて近いものである、それは同じだといってもよい。そして、「あなたの隣りの人を大切にすること（いつくしむこと）」が「神を大切にすること（いつくしむこと）（Deum diligere）」と同じであるということがイエスのメッセージであった。それゆえ、この「新約の二つの掟」が「共生の正義」を実現する普遍的律法であることをわたしたちは認めなければならない。それは、この地上でのわたしたちの生命が、わたしたちにひとしく与えられた「恵み」であり、各人の「私有すべき権利」ではなく、この地上で生命を共にするすべての人のために「用いられるべき委託」であることを承認することである。そこに全地表の人々すべてを「親愛の絆」で結ぶ「共生の全地球共同体（communitas omnium gentium）」が実現される希望が約束される。

Ⅱ　報復の正義と赦しの正義

長い回り道を辿ったが、ここで、本来のテーマである、報復は正義の行為なのか、赦しは正義の行為なのかという問いを考えうる地点にまで達した。それは「争いと平和」という現在の世界が当面している現実にそのまま関わる問題である。この問題の難しさはここには利害の問題が含まれ、それも国益の問題（そこには国民の権利・利益を守るための国家権力の行使の問題が含まれる）、したがって戦争の問題、さらに「正義の戦争」が今日の全地表世界の中でありうるのか、ありうるとすれば、それはどの範囲内かという問題を含み、これは現実的な「政策決定」の問題に波及してくるからである。

（1）「報復」と「赦し」

報復と赦しの問題は、「ただしさ」が損なわれ、「不正」の状態が生じた時、「ただしさ」を回復する場面で起こる。それは、「不正な加害行為」が事実として生じている時、「報復」は「ただしさ」を回復する力をもちうるのか、また、「赦し」は「ただしさ」を回復する力をもちうるのかという問題である。それゆえ、それは単なる理念の問題ではなく、理念に関わる行動の問題である。

公正な秩序がひととひとの間で失われるとき、ひととひとの「親和」は破れ、「怒り」、「怨み」、「妬み」が生ずる。ひととひとの間の平和は失われ、争いが生ずる。個人と個人の間であれば「不和」、「喧嘩」が生じ、国家と国家の間であれば「国交断絶状態」、「戦争」が生ずる。その結果、ひととひとの間の「信」が失われ、「公共性（*koinonia*）」が失われる。それゆえ、「ただしさ」の回復とは「信頼」、「親和」、「平和」の回復であり、「公共性」の回復でなければならない。ここで、国内に関して司法の裁きに訴えること、國際関係に関して国際法廷の裁きに訴えることは「便宜的」な措置以上のものではないのは「ただしさ」の理念について述べたところから明らかである。

こうして、報復と赦しの正義の問題は現実の行動の問題であると共に、理念の問題でもあることになる。

(2)「報復」と「ただしさ」

「報復」は「ただしさ」、したがって「ひととひととの関わりにおける公正（equitas, equity）」を回復しうるか。「報復」を意味する英語のひとつである retaliation はラテン語 talis から派生している。ラテン語 talis は「そのような」を意味する形容詞で、talis…qualis（そのような……このような）と関係的に用いられる。lex talionis（同害報復法）とは「受けた危害と同じような危害を与えた相手に返す」法律としてローマ時代にも機能したもので、それは今日の刑法にも残されている。古くは「ハンムラビ法典」（前十八世紀）一九六、一九七条などに規定された法律に由来し、旧約聖書『出エジプト記』二一・二三―二五、『レビ記』二四・一七―二〇、『申命記』一九・二一に同様の規定がある（これは一般には過度の報復を抑えるための法律であったといわれている）。イエスの山上の説教の「目には目を、歯には歯を」といわれているのをあなたがたは聞いている……」（マタイ五・三八）はもちろんこれらの律法に言及している。

そこで、わたしたちにとっての問題は、「報復」は失われた「ひととひとのひとしさとしての公正」を回復する力を持ちうるのかということになる。答えは明らかである。回復し得ない。

なぜなら、与えられた危害と等しい危害を相手に与えたとしても、それは危害の等しさに過ぎないからである。どうして、それが「ひととひとの間の親和」を作り出しうるだろうか。一方は「鬱憤」を晴らしただけで、他方には怨恨が残り、ひととひとの間の不和、対立がそのまま残るのではないだろうか。家を壊されたものが相手の家を壊しても、そこにふたりが手を結びうる「二人の家」は残らない。「破壊」は「平和」をもたらさない。それゆえ、報復によってもたらされる「ただしさ」は「擬似的なただしさ」にすぎないといわざるをえず、「報復」は「ただしさ」を回復する力をもちえないと結論せざるをえない。

またtalio（加害のひとしさ）を定める裁定も困難である。財産が奪われたのなら、同額を返済すれば済むかもしれない。しかし、失われていた間の心的・物的損害のひとしさを測ることができるだろうか。さらに、生命が失われた場合、それにひとしい代価を定めることができるだろうか。――できない。

01・9・11事件の犯人処罰についていえば、どのような処罰がtalio（ひとしい加害）でありうるのだろうか。国際テロリズムの可能な温床となりうるとみなされうるすべての敵国への敵視、先制攻撃がどのような経過を辿りつつあるかは、いまわたしたちが目撃しているところである。これが世界に「怨恨」ではなく、「親和」をもたらす「正義の戦い」であるとはわたしにはとても信じられない。

(3)「赦し」と「ただしさ」

では「赦し」は「ただしさ」、したがって「人と人のかかわりの公正」を回復しうるのだろうか。そのためにはまず「赦し」とは何であるかを考える必要がある。

「赦し」とは何か。

「赦し」は「不正」を「正」と認めることではない。イエスのメッセージ「悪いものには刃向かうな」は「悪」を「善」と認めることを求めるものではない。それは「報復するな」ということである。

では、「報復しない」ことは「赦すこと」だろうか。それは「赦し」の必要条件ではあっても、「赦し」ではない。

「赦し」は「諦め」でもない。「危害(＝加害)」を「災悪」「災難」とみなして諦めることがある(「運が悪かった」)。それは「不正」を「天災」「運命」と同種のものとみなすことになる。「諦め」は「ひととの関わり」を断ち切り、「ひと(他者)」を自己と関わりないものとし、「自己」を孤立化させる。ヒロシマ、ナガサキに対してこれまで日本人はどういう態度を取ってきたのだろうか。
「赦し」は「恩恵」でもない。「恩恵」は赦されることを必要としないものが「危害」を加えた相手に与える「無償の贈与」である。そこには「与えるもの」の「与えられるもの」に対する「優越」が作り出され、「ひととひとのひとしさ」を生まない。
では「赦し」はどこで成立するのだろうか。
自己の存在の「施与性」（与えられた恵みであること）を認めること、さらに自己の存在がひとと共に、ひとの内において与えられた恵みであることを認めること（自己の存在の「共施与性」の認知）、そして、求められるならば、求められる時に、これを与え手に返す準備ができていること――そこに「赦し」の成立条件がある。それが「ひととひととの関わりのひとしさ」を回復する基盤となる。
自己も「ひとに赦されることを必要とし、これを願うものであること」を認め、ひとを赦すこと
「赦しなさい、そうすれば、あなたも赦される」（『ルカによる福音書』六・三七）
「あなた方のうち罪のないものは、この女に石を投げなさい」（『ヨハネによる福音書』八・

七）

相手（＝加害者）を「ひと」として尊重すること（「他者への respect・尊重、尊敬、顧慮」）（相手が加害を悪として十分に理解していないことへの compassion を含む）

――これらのことが「赦し」を成立させる条件となる。

イエスの祈り「かれらはしていることが何であるかを知らないのですから、かれらを赦してください」（『ルカによる福音書』二三・三四）

そこに「赦され、赦す」「赦し、赦される」という「ひととしての人と人とのつながり」、「ひととしての人と人の親和（和解）」が回復され、赦しがそこに成立する。「ひととしての人と人のひとしさ」がそこに回復される。

こうして、「赦し」は真の「ただしさ」を回復する力をもつものとなる。なぜなら、そこに、ひとを信じ、ひとを理解しようとする土台が築かれるからである。そこから、ひととしての人と人の「親和」が作り出され、「ひととしての真の公共性」が形作られる。

「ただしいひと」とは平和をもたらすひとのことである。

「柔和なひとびとはさいわいである。そのひとびとは地を継ぐだろう」

「平和を作り出すひとびとはさいわいである。そのひとびとは神の子と呼ばれるだろう」

（『マタイによる福音書』五・五、五・九）

「ほんとうにこのひとはただしい人（*dikaios*）だった」（『ルカによる福音書』二三・四七）

「あなた方に平和があるように（*eirene hymin*）」（『ヨハネによる福音書』二〇・一九）

おわりに　自然の内に生きる

――政治哲学の原点を探ねる――

わが国に生きる一人の哲学者として、いま、考えなければならない緊急の問題と考えるものを上記の表題のもとに考え、皆様のご批判を仰ぎたい。

I　哲学とは何か

哲学とは「わたし」(＝自己)と「世界」のはじまり(ἀρχή, principium 原点)を探ねることである。わたしにとって、「哲学」の「はじまり」はミレトスの人タレスにではなく、ソクラテスの「生と死」に「人間としての生の真実のあるがまま」を生涯問い求めつづけたアテネの人プラトンの内にある[1]。このことが上のことに含まれることとしてある。

11・3・11とは何か。01・9・11とは何か。これは、いま、わが国のすべての人に問いかけられている緊急の「問いかけ」である。

「欧米自由主義文化圏」と「イスラーム宗教文化圏」との間に真二つに裂かれている全地表の亀裂を越え、これを結び合わせる「ただしさ」はどこにあるのか。

古来、「アジア文化圏」の内に養い育てられたこの国の「哲学者」たちはどこにその「ただしさ」を求める端初を見出すのか。

「報復」は「亀裂」と「争い」を解く「ただしさ」とはならない。ビン・ラディンの殺害は第二、第三のビン・ラディンを生むだけである。三陸地方の海辺で家を失い、身内の残したものを瓦礫の山から取り戻すことは11・3・11の惨禍を除くことにはならない。

東京大学哲学科を終えて、じきに（一九五三年）東仙台光が丘の「ドミニコ会修道院」で「自然の内に生きる」一年間の修道生活を送る恵みを与えられたわたしには、その時、あの光が丘ドミニコ会修道院から、眼下遥かに一望する海まで広がる田野全体が津波に呑まれてゆく光景が眼前に浮かび、三陸海岸一帯の被災者の方々の苦難がそのまま腹の奥まで浸ってくるのをとどめることができなかった。

広島、長崎の原爆の惨禍の経験を経て、なお「平和利用」という名目で原子力を利用しつづけ、「自然を支配する」極点で「人間の繁栄」を謳歌してきた戦後六十数年の「この国」の繁栄は何だったのか。「自然の内に生きる」とは「何であるか」を、日本人だけでなく、全地表の人類が根底から考え直さねばならない「時《カイロス》（καιρός）」が「いま」来ている。それがあの「東日本大地震・津波」で生命を失い、家を失い、家族を失ったお一人お一人の受苦（passiones）を共にし、これに報いる道ではないだろうか。

わが国が辿った最近の道のりを回顧する。「明治体制」とは何だったのだろうか。「大日本帝国憲法」の成立、「教育勅語」の公布から、日清・日露の戦争を経て、韓国併合、満州進出、日中戦争から太平洋戦争に至るまでの「近代日本」、明治・大正・昭和期を経て敗戦に至るまでの日本の「政治体制」をそれはいう。敗戦後、「日本国憲法」の成立後、ほぼ六十年あまりに及ぶこの国の「政治体制」を「戦後体制」と呼ぶ。「明治体制」とは、日本が十九世紀はじめ、欧米諸国にじかに触れることによって、「近代欧米」の「政治体制」に準ずる「政治体制」を整え、「追いつけ、追い越せ」のスローガンのもとに経済の近代化、軍備の拡張を行い、「列強」と競い、ついに戦争に進み、敗戦をもって幕を閉じた「政治体制」であった。しかし、「戦後体制」も「経済組織・経済体制」としては何も変わらなかったのではないか。「明治体制」を守り、同じ「近代欧米自由主義経済体制」のもとに、原子力利用の尖端にまで至り、繁栄を謳歌しようとしたのではなかったか。

「東日本大震災」の経験は、明治体制以来続けてきたこの「近代科学主義」政治体制を根本から考え直すことを求めている。しかし、Natura parendo vincitur.（自然はしたがうことによって征服される）というフランシス・ベーコンの原則のもとに、「自然」を支配して、「人間の王国」を拡張しつづけてきた体制はいまも全世界を支配しているように見える。

「自然の内に、自然と共に生きる」という「東アジア」古来の「人間の生きる道」はどこで回復されるのだろうか。それは、わたしたちが「人間」の「自然本性（φύσις）」に従い、「人である限り」の「ひと」と「ひと」との間に「内なる自然の親しさという正しさの絆」を結び、すべてのひとがその内に置かれている「外なる自然との共なる親しさという正しさの絆」を保つとき、回復される。

「自然の内に生きる」とは何か。日本古来の宗教性・神秘性をいま顧みることが、日本人すべてに求められているのではないか。それが全世界の人に対して一つの「光り」を与える音信となるのではないか。それは何か。

（i）「わたし」とは「何か」。「わたし」とは「人間（ἄνθρωπος, homo）である」。

「人間であること（τὸ ἀνθρώπῳ εἶναι）」はわたしの「生まれ」、わたしの「自然・自然本性（φύσις）」である。[2]「自然の内に生きる」とは「わたしの自然・自然本性（φύσις）」である人間として生きる」ことである。

（ii）「わたし」・「人間」は「こころ」と「からだ」から成る。[3]

「こころ」はわたしの「内側」、「からだ」はわたしの「外側」にある。「からだ」は「見えるもの（ὁρατόν）」であり、「こころ」は「見えないもの（ἀόρατον）」である。

（iii）「世界」とは何か。

「世界」とは「わたし」がそこに置かれてあるものである。

「わたし」の外側である「からだ」はその一部であり、「わたし」は「からだ」として「こころ」と共にその内に置かれている。古来の言い方では、それは「天地の間」に置かれているという。

――青年のある日、一九四五年から一九五〇年までの間、わたしが東京大学文学部哲学科の学生であった或る日、当時、哲学科の教授でいらした池上鎌三先生が鈴木大拙先生をお招きになり、いまも同じあの哲学研究室で、大拙先生のお話を聞かせてくださった。そのとき、大拙先生は黒板に

如

という一字をお書きになり、

　そのまま

とおっしゃった。ほかに何をお話になったのかは何一つ覚えていない。でも、この一事だけは青年の「わたし」の「こころ」に烙きつけられ今に至るまで消えることがない。

それを、いま、わたしは

「わたしたちがひととして天地の内に置かれていること」を言うと思う。

それは、わたしが「人間として」生まれていること、その「あるがまま・ἀλήθεια」の「真実」であり、そこに「人間」としての「φύσις（自然本性）」がある。

「自然の内に生きる」とは、この「自然本性の内に生きること」である。

それは、わたしたちが「作り出したこと」ではなく、わたしたちが「その内に置かれてあること」、「わたしたちに与えられてあること（所与）」である。

そのように「置かれていること（所与性）」において、わたしたちは「そのように置いているもの」との「関わり」の内に置かれる。

「なにごとのおはしますかは知らねども、かたじけなさに涙こぼるる」（西行）

この西行の言葉に、「人間としての」「自然本性（φύσις）」からの「問いかけ」に答える（応答としての）「まこと（veracitas）」、「あるがまま（ἀλήθεια）にしたがうわたしたちのこころ」がある。

「哲学（φιλοσοφία）」とは、わたしたちが「人間として」置かれていることの「何であるか」をいくらかなりと「語り明かし（λέγειν）」、「明らかにする（δηλοῦν）」「ことば（λόγος）」を求める「いとなみ」である。

Ⅱ「人間とは何か」（その一）

「人間とはなにか」――「人間」とは「こころ」と「からだ」から成る。「こころ」はその「内側」、「からだ」はその「外側」をなす。[4]

（i）「こころ」は「思うもの」であり、「（思いを）語るもの」である。「思い」は「ことば（λόγος）」としてあらわされる。人間は「ことばを持つ生き物（ζῷον λόγον ἔχον）」である。

――「思わないひと」はいない・老人も子供も、女も男も……

「思い」は「ことば（λόγος）」としてあらわされる。

（ⅱ）「からだ」をもたないひとはいない。「からだ」によってひとは自分を動かす。「からだ」を動かすことによって、ひとは内なるものを外に表わす。「語ること」も「からだを動かすこと」の一つである。

「からだ」は「物体」であるゆえ、ひとがみずから動かさなくても、外から動かされる。それによって、ひとの内側もなんらか動かされる。「からだ」は、それゆえ、「内からの動き」と「外からの動き」を共に受けるものであり、人の「外」と「内」の「中間」をなす。ひとは「からだ」を通じて「内からの動き」を外に表わすと共に、「からだ」を通じて「外からの動き」を内に受ける「生きもの」である。

（ⅲ）「人間」とは「二足の生きもの（ζῷον δίπουν）」である。[5]

人間は「二足の生きもの」であることにより、地上に立ち、二足で歩行する。

これにより、地上にある人間の三つのありかたが生ずる。「たつ」、「ねる」、「すわる」という三つがそれである。

（ａ）直立態。地上に「立つもの」であることによって、ひとは「外な

るもの」、「外なる世界」に向かい合う。「外なるもの」に向かい合う「対象性」がひとの一つの基本のあり方をなす。

――両手が自由になって、両手を用いて外なるものを操る「技術」の成立、外なる世界を支配する「力（＝権力）」もそこに生まれる。

（b）仰臥態。「ねるもの」であることによって、ひとは上方、天に向かい合う。天は人間に対して「対象性」をもたない。「天に唾きするものの、唾きは自分に帰ってくる」という古来のことわざは仰臥態という人間のあり方の真実をよく表している。ひとは仰臥態における「背部」で「天」と関わる。

（c）坐態。「すわるもの」であることにおいて、ひとは「上方」への志向を保ちながら、下肢を重ねて坐するとき「前方（＝そと）」への「対象性」を失い、「対象性」をもたない「なにものか」に「からだ」の全体において関わる。また、隣り合う「ひと」への関わりの内に置かれる。

「直立態」・「仰臥態」・「坐態」の三態はひとの「からだ」の三態であるが、同時にこれは「こころ」の三態でもある[6]。

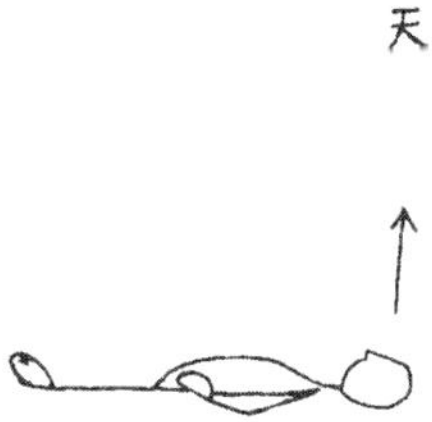

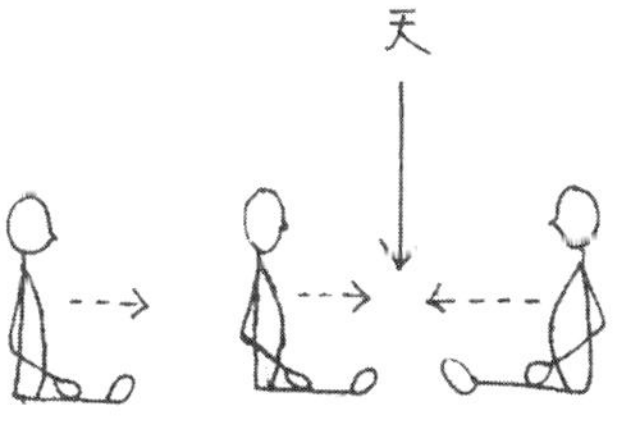

この三態に、天地の内に置かれる人間の「自然本性（φύσις）」の「現実態（ἐνέργεια・actualitas）」がある。それは「天地の内に置かれた人間」のありかたに含まれる「三態」の「現実態」である。

人間は自分の「からだ」の全体を「見る」ことができない。それは「からだ」の全体を「対象化」できないということである。

「直立態」・「仰臥態」・「坐態」の三態という人間の「自然本性（φύσις）」の「現実態（ἐνέργεια, actualitas）」において、人間は「心身全一体」としての人間の「存在」の「奥底」に「あるもの」に関わる。(7)

Ⅲ 「人間とは何か」（その二）

「人間」は、「自然本性（φύσις）」において「人間共同体として生きる生き物（πολιτικὸν ζῷον）」である。(8)

「ひと」は「ひと」と「共に」存在する。それは「人間」が「人間であること」という「自然本性」においてその内に置かれていることである。

日本語における「ひと」が「人一般」を表わすと同時に「他人」を表わすという、「ひと」という語の両義性は意義深い。「自分」も「他人」も、「ひと」である限り、「ひと」として「等しい」。「ひと」は「ひと」である限り、「ひと」として「等しい」「ひと（他人）」と関わる。「ひと」の「ひと」としての「等しさ」を定める「きまり」は「正しさ（δίκαιον）」である。「正しさ（δίκαιον）」が保たれるとき、「ひと」は「ひと」と結ばれる。「ひと」と「ひと」とが「正しさ」によって結ばれるとき、「ひと」と「ひと」の間には「親しさ（φιλία）」が生まれ、「ひと」と「ひと」を結ぶ「慈しみ（φιλία, dilectio）」が生まれる。この「ひと」と「ひと」を結ぶ「親しさ（φιλία）」・「慈しみ（φιλία, dilectio）」によって、「人間共同体（ἡ ἀνθρωπίνη κοινωνία, communitas humana, human community）」が生まれる。「ひと」は「ひと」と「共に生きるもの」となる。[9]

「ひと」と「ひと」との間には「おなじ一つのひと」としての「絆」がありながら、それぞれの「わたし」の間には「異なり（「個となり」・「弧となり」・「事成り」）」があり、その「異なり」を共にする「許し」をえて、「正しさ（δίκαιον）」の「まこと（ἀλήθεια）」が実現される。「ひと」と「ひと」のつながりの「始め」である「女」と「男」のつながりの実現、「子」と「親」のつながりの実現はそこにあり、それはすべての「人間共同体」につながる。

「家族」、「家」、「村」、「地域共同体」、「職業共同体」……などなど。「人間」はそのようなさまざまな「人間共同体として生きる生き物」である。

それは「生き物」一般に備わる「（生物共同体の群生としての）ありかた」ではない。「人間」に固有に備わる「人間」の「自然本性（φύσις, natura）」としての「ありかた」である。それは「神秘」であり、そこに政治哲学の原点がある。

何がこの「人間共同体」の「一性」を作るのか。それはこの「神秘」が人間に問いかけている問いである。「人間」が「人間であるかぎり」において、すべての「ひと」と「ひと」を結ぶ「全人類共同体」の「一性」があるのか。それは「何か」。

これは πολιτικὸν ζῷον（ポリスを作って生きるもの）としての「人間の自然本性」が太古から人間に投げかけている「問いかけ」である。そして、それは、まさにこのいま、この神秘が全人類の「ひとり」「ひとり」に投げかけている問いかけである。わたしたち「哲学者」は、いま、ここで、この「問いかけ」に答えて、この「全人類共同体」を結ぶ「正しさ（δίκαιον）」がどこにあるかを探求しなければならない。

Ⅳ　非対象性

「自然の内に生きる」という日本古来の宗教性・神秘性には、「非対象性」ということがある。日本人が鳥居の前で手を合わせるとき、そこに何の神、どの神が祭られているかを考えることが少ないという事実に日本古来の宗教性、神秘性の原郷があらわれている。

それは、「わたしが、いま、ここに、あること」がひとつの「ある大いなるもの」の「恵み」として与えられているということをみずからの「身体」全体の表現として表わすものである。

(1)「自然」について

「自然」という言葉が日本の伝統の中で保ってきた意味、また、その変遷をいま辿る力も余裕もない[10]。本来「じねん」と訓ぜられるものだったろうと思うが、それが日本伝来の、宗教、芸能、文学の伝統に大きな意味を長く持ち続けてきたという思いは強い。

たまたま『万葉集』を岩波文庫[11]で通覧して、わたしの心を捉えた人麻呂の歌、人麻呂が妻と別れてきたときの歌を引く。

【石見の国より妻に別れて上りくる時の歌】

石見の海　角の海回《うらみ》を　浦なしと　人こそ見らめ　潟なしと人こそ見らめ　よしゑやし　浦はなくとも　よしゑやし　潟はなくとも　鯨魚《いさな》取り　海辺をさして　和多豆《わたづ》の　荒磯《ありそ》の上に　か青なる　玉藻奥《おき》つ藻　朝羽振《あさはふ》る　風こそ寄せめ　夕羽振る　浪こそ来寄せ　浪の共《むた》　彼《か》より此《かく》より　玉藻なす　寄り寝し妹を　露霜の　おきてし来れば　この道の　八十隈毎に　萬《よろず》たび　かへりみすれど　いや遠《とほ》に　里は放《さか》りぬ　いや高に　山も越え来《き》ぬ　夏草の　思ひ萎《しな》えて　偲《しの》ぶらむ　妹が門《かど》見む　靡けこの山

【反歌】

石見のや　高角山《たかつぬ》の　木《こ》の間《ま》より　我が振る袖を　妹見つらむか

小竹《ささ》の葉は　み山もさやに　乱《さや》げども　吾は妹おもふ　別れ来ぬれば

（『万葉集』巻二　一三一、一三二、一三三）

ここには「自然」という言葉はどこにもない。でもそこには自然のことどもがつぎつぎと歌われている。そして、その一つ一つに「妻との別れ」の思いが襞となって織り込まれている。「自然の内に生きる」とはそういうことである。そして、そのすべての中に「一つの時《カイロス》(καιρός)」(妻との別れ)が食いこみ、「ことば」、「こころ」を作っている。長歌の末尾、「靡けこの山」はその頂点を作る。すべてがこの二語にこめられている。

それは、そのまま、「死別」の歌(挽歌)の伝統にも現れる。

(2)「非対象性」について

「対象(Objekt, Gegenstand)」という言葉について。

「対象」という言葉が日本語または中国の文献に古来あったかどうか知らない。それは明治期にヨーロッパ語のObject, Gegenstandという語の訳語として用いられた。とりわけカントの『純粋理性批判』におけるObjekt, Gegenstandという語の訳語として用いられ、一般に用いられるようになった。在来の日本語(やまとことば)で表現すれば、それは「一定のもの、または、こと」と訳出することが可能だろう。それゆえ、「非対象性」とは、ここで「一定のもの」または「一定のこと」に捉われない「ひとの在り方」を言う。それは「自然の内に生きること」であり、「自然と共に生きること」であった。「自然」とは、ここで、われわれを包み、われわれを生かしている「外なる自然」であると共に、われわれ一人ひとりを「内で」生かしている

「内なる自然」でもある。

わたしはこれをラテン語の natura（英語 nature）ではなく、古典ギリシャ語の φύσις（ピュシス）にあたる言葉として理解する。φύσις は英語の to be にあたり、(12)「ある」を意味する。それゆえ φύσις はもともと「あること」または「あるもの」を意味する。それは、あるいは「外なる自然」であれ、あるいは「内なる自然」であれ、「あるがまま」、「本然」を意味する。「自然の内に生きる」とは、「外なる自然」であれ、「内なる自然」であれ、その「あるがまま」、「本然」にしたがって生きることを意味する。

それは「あるがまま」ということである。

『羅葡日対訳辞書（*Dictionarium Latino-Lusitanicum, ac Iaponicum*, in Amacusa,1595）』（勉誠社、一九七九年）によれば natura は日本語では Monono xo（「ものの性」）と訳されている。これはキリシタン時代、すなわちデカルト・カント以前の「スコラ哲学」の時代における「ラテン語」と日本語の出会いの一例として興味深い。それは上に述べた古典ギリシャ語の φύσις の原義に近いものとして natura というラテン語が当時理解されており、それを当時の日本人がそのまま受容していたことを意味する。今日、「自然物」という意味で普通用いられている「自然」とそれは違う。キリシタン時代における「ヨーロッパとの出会い」を改めて学びたい。

「自然の内に生きる」とは、そのように、おのれの「そと」と「うち」の「あるがまま」にしたがって生きることである。

（3）「対象性（Objektivität, Gegenständlichkeit）」について

これに対して、対象性とは「一定のもの」として限定されたものに関わる、あるいは捉えられることである。それは「自己の外」にあり、「自己がそれに向かい合うもの」である。[13]「一定のもの」とは「他のもの」とは異なる「そのもの」としてあるもののことである。AはB、C、Dなど、A以外のものとは異なるものであることによって、Aである。そのように、A、B、C……はそれぞれ「一定のもの」として「限定されたもの」としてある。そのように限定されうることを「客観性（objectivity）」という。それは誰の目からみても同じように「一定のもの」として確定され、限定されうるものである。そういうものが「客観性をもつ」とされる。それが自然科学の対象となる。外的事物とは異なるものである「おのれのからだ（自己の身体）」もそのように「一定のもの」として限定され規定されうる限り、客観性をもつ「一つの外なるもの・外的なもの」となる。

カントは「現象」する事物が空間と時間の形式によって「一定のもの」として限定される限

りにおいて、それを「客観的なもの（objektiv）」として認めることを許し、世界はそのような事物によって構成されるとした。「自然科学（Naturwissenschaft, Natural Science）」の成立する場所がそこに生ずる。

いまカント哲学の成立の細目を追うつもりはない。しかし、そこには「人間対自然」（homo versus naturam）という枠組みが基調にあると認めざるをえない。カントが『純粋理性批判』の扉に掲げた「大革新（Instauratio Magna）」という言葉は、このカント哲学を導いたフランシス・ベーコンに由来するものであるが、フランシス・ベーコンのマクシム

自然は従うことによって打ち勝たれる　natura parendo vincitur.
（人間は自然を構成し支配している「自然法則」を認識し、これにしたがって自然に関わることによって、自然に打ち勝つことができる）

は「近代ヨーロッパ」を導いた「準則」となった。この準則に従ってカント哲学が受容され、支配的なものとなった十九〜二十世紀世界は、「自然科学」が「外なる世界」だけではな

く、人間の「内なるもの」をも支配するものとなり、「人間の王国（regnum hominis）」が（人間の）「外なる自然」を支配するだけではなく、（人間の）「内なる自然」をも「心理学」の対象として支配するものとなり、「科学」の力によって、自然も人間も科学の支配するものとなった。この「勢い」は、この二十一世紀に入った今もとまらないように見える。

何が「自然」を、また「人間」を救うのか。

「非対象性」という「あり方」がそれを救う力となる。「非対象性」において生きるとは「反自然」に生きることではない。それは「自然の内に、自然と共に生きること」である。

「自然」とは何か。それは「おのれの外」「おのれの内」の「あるがまま」である。

それは「自己」が「その内に置かれてあるあるがまま」である。

「神秘主義」の「原郷」は、そのような「自己」の「あるがまま」を「自己のもの（所有物）」とせず、「与えられたもの（恵み）」として受け、「自己」の「所与性（＝与えられてあること）」を「あるがまま」に認めることにある。そして、この「自己のもの・自己の所有物」ではない」「恵みである自己」を「時《カイロス》（καιρός）」にしたがって、「みむね（θέλημα）のまま」に「恵みの与え主」に返す「心」の「へりくだり（ταπεινοφροσύνη）」の内に「自然の内に生きること、自然と共に生きること」の端初がある。

人間の「生」は「つかの間の生命」である。だれにもあるとき、「死」が訪れる。自己が「自己」をおのれの「所有物」と思うとき、「死」はこの「自己」を「おのれ」から「奪うもの」となる。「自己の生」はそのとき「不条理（absurde）」となる。

しかし、「自己の生のあるがまま」を「与えられた恵み」として「受け」、「時」に従い、「みむねのまま」[14]に「与えぬし」に返すとき、「おのれのあるがまま」（＝「自然・本然」）が回復される。この「つかの間の生」において、「まこと」にしたがい、共なる人との絆を保つことを願う「こころ」に「政治哲学」の原点がある。

「神秘」を「隠れてあるもの」だと思わない。それは、いま、ここに、現前するものである。わたしたちのそれぞれがまさに、いま、その内におかれてあるものである。

あとがき

本書は「政治哲学」に関するほぼ二十年にわたる論稿をまとめたものである。長年にわたる論稿のゆえ、重複も多く、今日からみれば、過去の話題に過ぎないものもある。しかし、わが国における「哲学と政治の関わり」は今もあまり変らないようである。

他方において、科学技術のさらなる発展のもとに「自然」の「人工化」の過程はいっそう進み、真実の「人間の自然本性」の回復の希望は開かれないままである。近年わが国で生起し、国内外のひとに限りない災禍をもたらしている「原子力エネルギー」開発の問題はその一端に過ぎない。

本書の成立には、筆者が「哲学」に関わってきたこの七十年余、「学び」を共にしてくださった国内外の多くの知友の恩恵に負うところが大きい。

とりわけ、二〇〇六年度から二〇一〇年度にわたり、古典ギリシャの哲学・歴史・文学に関わる二十数名の専門研究者の協力をえて行われた四年間の共同研究（「学術振興会・科学研究費・

基盤研究」「ギリシャ政治哲学の総括的研究」）の成果は意義深い。その最終年度二〇一〇年八月に、「国際プラトン学会」の主催により全世界から二百六十名ほどのプラトン哲学の代表的研究者を集めて東京で開催された「第九回国際プラトン学会・主題・プラトン『ポリテイア』篇」における六日間にわたる「共同研究」が拓きえた視界が本書に関わるところは大きい。その成果はこのほど *Dialogues on Plato's Politeia (Republic)*: Selected papers from the Ninth Symposium Platonicum; Edited by Noburu Notomi and Luc Brisson: Academia Verlag, 2013 として公表されている。

またこの間、筆者宅で常時行われてきた栗原裕次、野村光義、金澤修氏ほかの専門研究者による Monday Seminar の集い、および、朝日カルチャーセンター（新宿）において一般の方々を聴講者としてプラトン・アリストテレスの哲学について長年にわたって行ってきた講義は、古典ギリシャ哲学研究が単に専門研究者のものではなく、わたしたち一人一人が、いま、ここで、いかに生きてゆくべきかの道を問う方途を示してくれるものであることを教えてくれた。

これらの共同研究に参加してくださったすべてのかたがたに心からの感謝を捧げる。

この間の生活を支えてくれた親族、とりわけ愛する妻、耀子に心からの感謝を述べる。

筆者としてははじめての「政治哲学」に関わる著作に当初から関心を示し、助け励ましてこのような著作として出版してくれた知泉書館社長、小山光夫氏の長年の友愛にあらためて感謝する。

一人でも多くの方が本書に提示した問題に取り組んでいただき、率直なご感想・ご批判をお寄せくださることを心からお願いしたい。

二〇一三年六月

加藤信朗

追記　表紙に掲げた写真はアメリカ合衆国西海岸から東方に沈む夕日の輝きを写したものである。筆者の長兄はその間にあるマーシャル群島で海軍軍医として勤務し、米軍の反攻の始めに戦没した。本書を長兄の追憶に捧げ、「太平洋（Pacific Ocean）」を文字通り「平和を作りだす大海」となすことを願う。

初出一覧

「はじめに　政治哲学の確立を求める」

朝日新聞「論壇」一九九四年八月三一日朝刊

「第一章　政治の原点としての哲学」

本稿は『哲学雑誌』第一一〇巻第七八二号（一九九五年）所載の同題名の論文に基づいている。この論文は「はじめに」に載せた朝日新聞「論壇」（一九九四・八・三一）が公にされた後、『哲学雑誌』編集者の求めに応じて寄稿した論稿である。


「第二章　公共性」

本稿は一九九一年六月、聖心女子大学教養講座『人とのかかわり』の一環として行なわれた講演「公共性――ギリシア哲学からみた『人とのかかわり』」に基づき（同内容の講演は同年十一月、朝日カルチャーセンター火曜特別講座「公共性――ギリシア政治哲学の原点」〔朝日カルチャーセンター・大宮ルミネ2共催〕としても行なわれた）、これを論文として書き改め、第四節として「アリストテレスの『政治学』」の節を補ったものである。この最終節は一九九一年度、聖心女子大学で行なった同題名の

「哲学原典講読」講義、および、一九九二年度上智大学において行なわれた同題名の「古代哲学文献研究」講義に依拠している。これらの講演、講義における熱心な聴講者に負うところが大きい。ここに心からの感謝を表明したい。

「第三章「理想国《ユートピア》」論への視座」

本稿は二〇〇七年度から二〇一〇年度に至る四年間にわたり「学術振興会・科学研究費」基盤研究として、古典ギリシャ哲学・歴史・文学に関わる二十名余の専門研究者と共同して行なった「ギリシャ政治哲学の総括的研究」の第三年度、二〇〇九年十月三日に首都大学（東京）で行なった筆者の「研究発表」に基づいている。本書に採録するに相応しいよう、手を加えた。

「第四章　共　生」

本稿は「共生」という統一テーマで行なわれた「聖心女子大学第二十一回教養講座」の一環として二〇〇一年五月十八日に行なわれた講演「多元なるものの共生――東アジアからの声」にもとづき、今回これを新たに書き改めたものである。十年あまりを経た今日、この語は新聞その他でも頻用される、当たり前の言葉になっている。喜ばしいことであるが、はじめにこれを講演した十年前にはそうでなかったことをご理解いただいたうえで、お読みいただきたいと願う。

「第五章　報復の正義と赦しの正義」

本稿は二〇〇三年十一月十五日、聖心女子大学キリスト教文化研究所公開講演会において、総合テーマ「正義と公正」４「共生の正義を求めて」として行なった講演にもとづいている。今回、本書に適合するようわずかな修正を加えた。

「おわりに　自然の内に生きる」

本稿は二〇一一年十二月三日、東京大学「哲学会・研究発表大会」で発表した原稿にもとづき、当日発表の際に付け加えたコメントも適宜に付加して、本論集のために書き下ろしたものである。すでに聖心女子大学キリスト文化研究所紀要『宗教と文化』に発表したものと同じである。本章でだけギリシャ文字をローマ字にせず、ギリシャ文字のまま表記することをお許しいただく。

註

第一章　政治の原点としての哲学

（1）　これらの点については加藤信朗「「公共性」――ギリシア政治哲学の原点」（『聖心女子大学論叢』第八十集、一九九三、五～三五頁、本書第二章）でやや詳しく論じた。この論文で言及したプラトン『プロタゴラス』篇の「プロタゴラス説話」（Plato, *Protagoras* 320c-322d）は問題の核心を見事に浮き彫りにしている。

（2）　『ソフィスト』、『政治家』の両篇の探究を大枠で限定するものは、「哲学者」、「ソフィスト」、「政治家」の三者の異同が何処にあるかという冒頭に置かれたソクラテスによる問題設定である。この点については、加藤信朗「「ポリティコス」篇における「雛型」の論法について」（日本哲学会編『哲学』第四二号、一九九二、五五～七五頁）、Shiro Kato, The Role of *paradeigma* in the *Statesman* (in *Reading the Statesman, International Plato Studies 4, Proceedings of the III Symposium Platonicum*, Edited by Christopher J.Rowe, Sankt Augustin, 1995,162-172）参照。『ティマイオス』篇は「形而上学」または「自然哲学」ないし「自然学」の著作としてではなく、『クリティアス』篇と密接な関連に置かれ、同じ哲学の動機に貫かれた著作として読解されるべきである。

（3）　明治三十三年刊行の第十五巻第百五十六号所載の「政治家の行動と道徳と」と題する藤井健次郎の論文一篇だけが辛うじて「政治」という語を含んでいた。また、「政治」に関する内容を含むと見られる論文を探しても、初期の『哲学会雑誌』の加藤弘之の諸論稿を除けば、時代が下るにつれて関係論文は極めて乏しくなるのである。

（4）第一〇号（一九六二）所載の田中美知太郎「自由のギリシア的理解」にはアリストテレス『政治学』の所論への僅かな言及がある。

（5）西田後期の国家論の国粋主義的論調と西田本来の自覚の体系との齟齬と亀裂についての批判的な分析は末木剛博『西田幾多郎、その哲学体系Ⅳ』一九八八、四一六～四二六頁、五二〇頁に与えられている。

（6）麻生義輝『近世日本哲学史』一九四二、茅野良男「日本近代哲学の形成とドイツ観念論」（『叢書　ドイツ観念論との対話、第一巻　総説・ドイツ観念論と現代』一九九三、四六～五六頁）、「近代日本の哲学とドイツ観念論」（『叢書　ドイツ観念論との対話、第六巻ドイツ観念論と日本近代』一九九四、一～五〇頁）。大久保利謙編『西周全集』第一―四巻、一九六二～八一頁参照。

（7）『哲学会雑誌』が『哲学雑誌』へと変成してゆく過程にもこの基調は見て取れる。『東京大学百年史　通史一』一九八四、『東京大学百年史　部局史一』一九八六はこの間の推移を伝える資料として興味深い。また、石田一良「明治時代の倫理思想――「忠君」「愛国」の倫理と近代日本人の精神構造」（日本思想史研究会編『日本における倫理思想の展開』一九六五、一九九～二三六頁）、中村雄二郎『近代日本における制度と思想』一九六七、渡辺和靖『明治思想史』第二章「西周における儒教と洋学」増補版一九七八、七〇～九二頁参照。

（8）「論理部門（*logikon*）」、「自然部門（*physikon*）」、「倫理部門（*ethikon*）」の三部門を同じ一つの哲学の不可欠な部門として含む哲学探究の力動的統一というストア哲学の理念の内に、由緒正しい哲学の正統が保存され、これは本来プラトンとアカデメイアの伝統に基づくものである点については、加藤信朗「倫理学とは何か」（日本倫理学会論集二三『倫理学とは何か』、一九八八、三～二二頁参照。

（9）本章二一～二二頁参照。

（10）プラトン『ソクラテスの弁明』、『ラケス』、『ゴルギアス』の諸篇参照。

（11）Hannah Arendt, Wahrheit und Politik (in *Die Politische Verantwortung der Nichtpolitiker:* Das

Heidelberger Studio: Eine Sendereihe des Süddeutschen Rundfunks; Leitung: Johannes Schlemmer, München, 1964, 159-176: 山口定・丸山敬一訳『非政治的人間の政治責任』一九七二)。この講演は後に学説史的に拡充され、詳論されて Truth and Politics という論文として *The New Yorker*. February 25,1967 に発表された。これは *Between Past and Future*, 2nd Ed. New York, 1968 に採録され、そのドイツ語訳は *Philosophische Perspektiven*, 1969; *Wahrheit und Lüge in der Politik: Zwei Essays*, München, 1972, 44-92 に採録されている。本稿は最初の講演原稿によっている。主著といわれる *The Human Condition*, Chicago, 1958 (Anchor Books,1959; 志水速雄訳『人間の条件』中央公論社一九七三、ちくま学芸文庫、一九九四)をいま味読している。尊敬すべき名著である。女性には哲学ができないなどと、いったい、誰が言ったのだろう。

第二章　公共性

(1)『新訂　大言海』三一八頁(冨山房、一九五六)、『大日本国語辞典』第三巻四六二頁(小学館、一九七三)参照。

(2) プラトン『法律』篇第四巻 714a1-2.

(3) より詳細には、『ニコマコス倫理学』第一巻、第九巻、および、第十巻で展開されている(アリストテレスにおいて、倫理学は政治学の一部を成すこと、および、それは政治学の原理的部分をなすことについては、『ニコマコス倫理学』第一巻の冒頭、第十巻の末尾、および、『大道徳学』第一巻第一章 81b26-27 を参照)。

(4) この一文の最終行(1253a18)のギリシア語原文はやや難解である。それがポリスの成立根拠をその能因の側から述べていることは疑いない。それゆえ、これは極めて重要な一文である。さらに、それはこの能因を「善悪、正不正を共有すること」に帰していることも明らかである。共有する主体は当然、ポリスを構成する成員であろう。しかし、「成員が善悪、正不正を共有する」とは何を言うのかが不明確なのである。それゆえ、ここでも先にプラトン『プロタゴラス』篇で見たのと同じ考えがあると見て、本文訳文のように、〔の覚知〕を補って、「善悪、正不正等々〔の覚知〕を共有することがポリスを作る」と訳した。ここの文脈が、言語による有益有害の判別、善悪、正不正の判別を述べているものであるゆえ、これは許されると考えた（cf. *The Politics of Aristotle with an Introduction*, Two Prefatory Essays and Notes Critical and Explanatory by W. L. Newman, Vol.II, Oxford, 1887, pp.124-5 [Reprint Edition, New Hampshire, 1991]）。

（5）『命題論』の冒頭箇所（16a3-8）では、言語の対象に対する指示機能は、（i）音声が心の受態の記号であり、（ii）心の受態は対象の似像であるという二重の関係で説明されている。ここに含まれている一種の心理主義が持つ問題性はさておき、この箇所は、さしあたり、言語機能の基本を個々の語のもつ対象指示性だけに定位して説明していると言ってよいだろう。それは『命題論』の論究が置かれている地平、すなわち、対象言語の最小単位としての命題の成立説明の地平に適合したものである。これに対して、本文で触れた『政治学』における言語成立の説明の地平は、これと異なり、人間の自然本性より生じ、人間の共同性を成り立たせているものとしての言語機能の説明に適合した地平である。それは言語機能の実用論的な説明と言ってもよいが、人間における言語の成立という観点から見れば、この説明のほうがいっそう根源的であると言えるであろう。

第三章「理想国《ユートピア》」論への視座

（1）アリストテレスの『ニコマコス倫理学』（*Ethica Nicomachea*）は本来「政治学」の原理論として、人間共同体をなす構成要素である「人間」の「あるべきありかた」、その「最終目的」を諸点から論じた著作であるから、『政治学』の一部をなすとみるのがただしいが、ここでは、さしあたりアリストテレスの「政治哲学」を代表する著作として『政治学』を取り上げることにする。

（2）Leonard Brandwood, *A Word Index to Plato*, Leeds 1976, p.761 および『政治学』をはじめとするアリストテレス諸著作の index 参照。

（3） *A Greek-English Lexicon compiled by Henry George Liddell and Robert Scott* – Revised and Augmented throughout by Sir Henry Stuart Jones with the Assistance of Roderic MacKenzie and with the Co-operation of many Scholars; with a Supplement, 1968, Oxford at the Clarendon Press,1st ed.1843.

（4） *Platons Werke* von F. Schleiermacher, Dritten Theiles Erster Band, *Der Staat*, Berlin 1828. Gedruckt und verlegt bei G.Reimer.

（5） 納富信留氏の新著『プラトン　理想国の現在』（慶應義塾大学出版会、二〇一二）は明治期、大正期以来の近代日本におけるプラトン *Politeia* の受容史の細部にわたる詳細な検討を与えている。

（6） 「ことがら（事柄）」という語は、わたしたち人間の一人ひとりがそれぞれ関わっている「こと」、あるいは、わたしたちに関わってきている「こと」がそれぞれ備えている「がら（柄）」（＝模様、特徴、性質）をいう言葉であり、日本の日常語に備わっている「哲学的に」意味深い言葉である。

（7） 韓国の旧知、朴琮炫（Park, Chong-Hyun）氏の『ポリテイア』篇全巻の訳注書（曙光社、一九九七）では、題名として、「ハングル表記で『コッカ』にあたる語が記されていると同時に『コッカ・政體』と併記されている。これは朴氏の解釈の表明であると思われる。

（8） 『ポリテイア』篇第五巻 453d 参照。

（9） 本書末尾の初出一覧にあげた科研費「ギリシャ政治哲学の総括的研究」の初年度（二〇〇八年三月二十六日）には UC Berkeley 大学の G.R.Ferrari 氏の "Plato's Leviathan? " という講演において、Thomas Hobbes をも視野に入れながら、プラトン *Politeia* における「理想国（*Callipolis*）」の理念が現代における諸解釈との関連の中で参加者一同と共にさまざまに論じられた。

（10） W. K. C. Guthrie, *A History of Greek Philosophy*, Vol. V, p.321, Cambridge, 1978.

（11） Philip of Opus の手がそこでどのように加わっているかという詳細にはここでは立ち入らない。

（12） 加藤信朗「プラトンの音楽教育論——それが教えるもの」（都立大学哲学会『哲学誌』第四九号二〇〇七、一～二一頁）参照。

(13) トラキア起源の女神の祭りがアテネで公認のものとなった年代、したがってこれとかかわる *Politeia*（『ポリテイア』篇）の対話の設定年代にも関わる問題については桜井真理子氏の研究を参照（『古代ギリシア社会史の研究――宗教・女性・他者』Ⅲ　他者「第三章　ベンディデイア祭創設の社会的意義」岩波書店、一九九八、三三五〜三五八頁）。

(14) Lysias 弁論集、「第十二弁論、三十人政権のメンバーの一人エラトステネス告発」参照。

(15) いわゆる「哲学者支配者論」が事実上は実現されえない「理想国論」として構想されていることは、「哲学者」であるものが備えるべき資質と、そのために襲われる誘惑の大きさに関する詳細な論（第六巻第一〜九章参照）から明らかである。そのような資質を備えたものが「哲学者」に実際になる可能性が「全時間の間に一度でもあるとすれば」(502b1-2) という仮定に「哲学者支配者論」はかけられているのである。

(16) 加藤信朗『ギリシア哲学史』東大出版会、一九九六（初版）。

(17) プラトン晩年の哲学探究の位相について、それが *Politeia*（『ポリテイア』篇）が前提するものとどこで違うのかというプラトン哲学解釈をめぐる大問題にここで立ち入るつもりはない。ただ、まず目に入る大きな違いとして、*Nomoi*（『法律』篇）には *Politeia*（『ポリテイア』篇）全巻の基調をなす「魂の三部分説」の構想が欠けていることを指摘しておきたい。これはプラトンの老齢の衰えを示すものなどではさらさらない。むしろ、魂の運動の本性を「自己運動」と捉える根本洞察がその基盤にあることを指摘しておきたい。それは *Nomoi*（『法律』篇）第十巻の「神論」のうちに展開されているものであるが、それは魂の本質を「自発性」(spontaneity) と捉える根本洞察である。これは *Politeia*（『ポリテイア』篇）の三部分説において「中間部分」をなす「気概的部分（*thymoeides*）」の曖昧さを払拭するものであり、きわめて重要な哲学的洞察である。これが明確に述べられるのは『パイドロス』篇であるゆえ、『パイドロス』篇を境にして、プラトン中期哲学と後期哲学を区分するのは有意義であると私自身は考える。――ただし、このためにはさらなる考察を要するゆえ、ここでは立ち入らない。

（18） Werner, Jäger, *Aristoteles, Grundlegung einer Geschichite seiner Entwicklung*, Zweite veränderte Auflage, Berlin, 1955

（19） 一八二六年、Mecklenburg-Schwerin の Laage 生まれ、Leipzig, Berlin で学び、一八六三年以降 Greifswald で Klassische Philologie の正教授職を勤める。

（20） アリストテレス『政治学』全巻の構成については、研究者の間で論争の絶えない問題がある。ここで「伝承の」と記したものは古来『アリストテレス著作集 Corpus Aristotelicum』として伝えられてきた『政治学』におけるものを言う。しかし、この問題については詳細な専門的研究を要するので、ここでは立ち入らない。

（21） Richard Kraut, *Aristotle, Political Philosophy* [Founders of Modern Political and Social Thought シリーズの一つ] Oxford 2002 はその考えを取っている。

（22） 本章注（9）および初出一覧（一八六頁）にあげた「学術振興会・科学研究費・基盤研究」（二〇〇七年度〜二〇一〇年度）「ギリシャ政治哲学の総括的研究」において古典ギリシャ哲学・歴史・文学に関わる二十名余の専門研究者と共に行なった共同研究は筆者の本章の論稿だけではなく、本書全体に関わる意義が多大である。海外の代表的研究者も招聘し、本邦の代表的研究者を集めて行なったこの四年間にわたる共同研究はわが国で行なわれた「政治哲学研究」としては初めての画期的な試みであり、本書で筆者が緊急の重要性を強調しつづけた「平和なる共生の世界秩序」の理念の模索に寄与するところが大きい。それゆえ今後の研究に寄与するため、この共同研究に参加した研究者全員の氏名と各年度の講演および研究発表の一覧を報告する。

［I］共同研究参加者一覧

「研究代表者」加藤信朗（首都大学東京）

「共同研究者」中畑正志（京都大学）、天野正幸（東京大学）、納富信留（慶応大学）、佐野好則（国際基督教大学）、桜井万里子（東京大学）、川出良枝（東京大学）、神崎繁（専修大学）、栗原裕次（東京学芸大学）、荻原理（東北大学）、細井敦子（成蹊大学）、葛西康徳（東京大学）、河谷淳（駒澤大学）、山本建郎（秋田大学）、大芝芳弘（首都大学東京）、竹下政孝（東京大学）、土橋茂樹（中央大学）、岩田靖夫（東北大学）、金子善彦（首都大学東京）、長谷川岳男（鎌倉女子大学）、桑原直己（筑波大学）、清水哲郎（東北大学）、一ノ瀬正樹（東京大学）、甲斐博見（首都大学東京）、金山弥平（名古屋大学）、金澤修（首都大学東京）「海外からの招聘研究者」金南斗教授（ソウル国立大学）、G. R. F. Ferrari 教授（UC. Berkeley 大学）、Malcolm Schofield 教授（Cambridge 大学）――発表順による

［Ⅱ］研究発表の記録

＊ 二〇〇七年度・研究集会・九月二十九日・三十日（首都大学）中畑正志「『国家』読解 旧式と新式」、加藤信朗「『国家』篇の構成・哲学者支配者論・第八回国際プラトン・シンポシウム（テーマ『ピレボス』篇・ダブリン）報告（加藤・岩田）」、天野正幸「実現不可能な理想国家と実現可能な理想国家」、納富信留「「哲学者」と「政治家」の間――プラトン後期哲学への視座」、佐野好則「古典期初期までのギリシア詩における「正義」」、桜井万里子「プラトン『国家』第五巻とアリストファネス『女の議会』にみられる社会モデルの共通点」、川出良枝「プラトン『国家』と近代政治思想――十八世紀フランスを中心として」、神崎繁「「内乱（stasis）」に関する後代への影響（ホッブスまで）」

講演会・二〇〇八年三月一日（首都大）金南斗教授、演題 *Technē* and the Positivity of *Logos* in Plato's *Gorgias*、二〇〇八年三月二六日（水）（首都大学）G. R. F. Ferrari 教授、演題 プラトンのリヴァイアサン?、Ferrari 教授を交えたジョイントセミナー、二〇〇八年三月二七日（首都大）〈主題 プラトンの『国家』〉栗原裕次「プラトン『国家』における公と私」（Public and Private in Plato's Republic）、荻原理「フェラーリ教授の『国家』解釈への若干のコメント」（Some Remarks on Professor Ferrari on the Republic）、二〇〇八年三月二九日（上智大学）、G. R. F. Ferrari 教授、演題 Socratic Irony as Pretence

＊ 二〇〇八年度・研究会・六月二八日（土）（東京大学）細井敦子「OCT 新版のリュシアス作品集の校訂について」、桜井万里子「リュシアス第二弁論とプラトン『メネクセノス』中の国葬演説について」、納富

信留「プラトン対リュシアス弁論術」、葛西康徳「法廷弁論（家）と法」、「加藤信朗『パイドロス』篇とリュシアス」

研究集会・講演会・九月二七・二八日（首都大学）河谷淳「The Place of Fear and Shame in Aristotle」、荻原理「The Analogy between Legislation and Medicine in Plato's Laws」、Malcolm Schofield 教授、講演「『法律』篇について」、山本建郎「国政論から法制論義へ」、大芝芳弘「キケローの国家論の独自性について」、竹下政孝「ギリシャ政治哲学のイスラム政治哲学への影響――ファーラービーを中心にして」

＊二〇〇九年度・研究集会・十月三・四日（首都大学）土橋茂樹「アリストテレス『政治学』において〈権利〉論は可能か?」、岩田靖夫「アリストテレスの『政治学』におけるデモクラシーの理念とその基本的構造」、金子善彦「ポリス的動物の「自然性」――アリストテレス『政治学』の一断面」、加藤信朗「理想国（ユートピア）」論への視座――三大著作収斂点の謎をめぐって」、長谷川岳男「スパルタは理想的なコミュニティか?――近年の歴史学におけるポリス認識研究の動向から」、桑原直己「ナショナリズムを相対化するためのモデルとしての西洋中世」、清水哲郎「中世初期における〈哲学〉概念の成立と政治学の脱落――カシオドルス、イシドルス、アルクィヌス」、一ノ瀬正樹「エピクロスの死無害説からする死刑論再考」

＊二〇一〇年度・研究集会・十二月十一、十二日（首都大学）加藤信朗「回顧と展望・終わりが始まり」、長谷川岳男「岩田靖夫著『アリストテレスの政治思想』書評」、甲斐博見「『ソクラテスの弁明』と『クリトン』の間柄――『クリトン』第二部のソクラテスの国家・国法への聴従の問題に焦点を合わせて」、金山弥平「ヘレニズム・コスモポリタニズムの生物学的・心理学的バックグラウンド」、金澤修「神と共同統治する人間とは誰か――イアンブリコスの「一つの共通なポリーテイア」概念を巡って」、内山勝利「哲人王思想を読み返す」、納富信留「プラトン『ポリテイア』研究の最新事情――IPS大会の総括 魂論を中心に」、栗原裕次「『ポリテイア』の「真の僭主」論――ポリスに生きる人間の幸福と不幸」

第四章　共　生

（1）「環境共生港湾（Ecoport）」という言葉もあるようで、これは「海を汚染しない港」の意味だろう。
（2）本論文は二〇〇一年における講演にもとづいている。その一〇年後になる二〇一二年のロンドン・オリンピックでは、全地表から集まった各国の選手団がトライアスロン競技でバッキンガム・パレスの周辺を何回もめぐり争うさまを全世界の人が目の当たりにしている。
（3）Samuel Huntington, *The Clash of Civilizations and the Remaking of World Order*, 1996（邦訳『文明の衝突』鈴木主税訳、集英社、一九九八）参照。
（4）『日本大百科全書』小学館、一九九八。
（5）*The Times Concise Atlas of the World*, London, Revised Edition 1978
（6）わたしの長兄は軍医として従軍し，米軍の反攻の始まる頃、この海の真中にあるマーシャル群島で戦死した。
（7）その頃からサンスクリットを学び始めていたとも言われている。
（8）シルクロードの遺跡の開拓はそれゆえ重要である。
（9）ブルトマン『新約聖書と神話論』山岡喜久男訳注、新教出版社、一九五四参照。
（10）それは人間が大地の上に「直立」し、直立歩行する人間の体位を獲得するようになった時に獲得した「生き方」の「きまり」である。本書最終章「おわりに」および同章の注（6）を参照。
（11）加藤信朗「大いなるもの――アウグスティヌス『告白録』冒頭箇所（一・一・一）逐語解の試み」（聖心女子大学キリスト教研究所『宗教と文化』一五、一九九三、一～二四頁、および加藤信朗『アウグスティヌス「告白録」講義』知泉書館、二〇〇六）参照。
（12）「鳥居」は「聖なるもの」の領域を示すしるしである。
（13）『易経』繋辞伝。
（14）「易」はこれを元にして展開した体系であり，すべて人間の世界に関わる重大な事柄はこのシステムを用いる「卜占」によってきめられている。

（15） これに関係する講演を"Piety and Nature in East-Asian Spirituality"という題で韓国でしたとき、韓国の聴衆は興味を示してくれた（The International Conference of Asian Catholic Philosophers at the Catholic University of Korea, 1999. この講演原稿は *The Japan Mission Journal* Spring 2000, pp.45-52 に採録されている）。この講演はその後「東アジアの霊性における敬虔と自然」という論文として大幅に補足して発表した（聖心女子大学キリスト教文化研究所『宗教と文化』二〇号、二〇〇〇）。

第五章　報復の正義と赦しの正義

（1） この点について詳しくは加藤信朗「『価値語の構造』――倫理学の基礎」（上智大学『哲学論集』第三六号、一九七七、一七～三五頁。

（2） この supervenient という言葉をわたしが学んだのは、おそらく、R.M. Hare, *Freedom and Reason*, Oxford, 1963 を通じてであった。だが、価値判断の働く場所がどこであるかの問題はその後 Donald Davidson ほかの人々により広範に論じられるようになった。

（3） 「事実判断」に関する最初の価値として「真実」をあげたが、実は、そこで「何が真実か」を裁定し報道するには、事実判断を評価する「立派なこと」「ただしいこと」「よいこと」という（次に述べる）超越価値が作用してくることを認めなければならない。つまり、このもっとも手前の事実に関わる「真実」には、これを裁定する際に、「立派こと」「ただしいこと」「よいこと」という超越価値が働いているのであって、この手前の「真実」という価値とそのあとに加わる「超越価値」は、具体的には、相互規定しながら働くのであるが、この点は複雑になるので、いまは立ち入らない。ここに報道のモラルの問題がある。

（4） アリストテレス『ニコマコス倫理学』第五巻第一章 1130a3, 第六章 1134b5.

（5） アリストテレス『ニコマコス倫理学』第一巻第八章 1098b12-14 および加藤信朗訳『ニコマコス倫理学』（三七二頁）の同箇所への訳注（3）参照。

（6）これはこの論文の執筆当時のことである。
（7）和辻哲郎は『人間の学としての倫理学』でこの点への注目を促している（一二～一四頁）。
（8）この点については、本書第四章で述べた。

おわりに　自然の内に生きる

（1）『ソクラテスの弁明』篇、『パイドン』篇を中心としてプラトンの全著作はこれを証している。
（2）アリストテレス『形而上学』第七巻、第八巻参照。
（3）アウグスティヌス『告白録』第十巻第六章第九節参照。
（4）注（3）参照。
（5）アリストテレス『形而上学』第七巻、第八巻参照。
（6）なおこの点について詳しくは、加藤信朗「身体論素描」（『哲学』第二五号、日本哲学会、一九七五、二〇～三五頁およびSinro Kato, The Bodily Nature of Human Being and the Grasp of the Genuine Nature of the Whole World）（韓国哲学会、二〇〇七年七月一日～二日で発表、この発表原稿は聖心女子大学キリスト教文化研究所『宗教と文化』二六号、二〇〇八、i～xiii頁にそのまま収録されている）、また加藤信朗「身体性の哲学――たつ・ねる・すわる」（「無極静功日本」主催第十八回交流講演、二〇〇一年十一月二四日）を参照。これは一九五九～六二年のドイツ滞在の経験を経て、筆者の内に熟成していった「心身全一体」としての「人間の自然本性」への省察の記録である。この構想はまとめて外国語で最初に発表したのは、*Respektiven der Philosophie*, Neues Jahrbuch Bd. 7 198, S.223-243. における論文Skizze einer Theorie der Leiblichkeit. である。この省察は筆者の自己把握（＝人間の自然本性把握）また世界の自然本性把握の基本をなし、したがってそれは政治哲学の原点となる。
（7）アウグスティヌス『告白録』第十一巻参照。
（8）アリストテレス『政治学』第一巻1253a1-2参照。

（9）　アリストテレス『ニコマコス倫理学』第五巻、第八巻、第九巻参照。

（10）「自然」の初出は、辞書によれば、『古今集』真名序（紀淑望）にある。「……和歌有六義。一曰風。二曰賦、三曰比。四曰興。五曰雅。六曰頌。若夫春鶯之囀花中。秋蟬之吟樹上。雖無曲折。物皆有之（物皆これ有るは）。自然之理也（自然の理なり）。

（11）佐々木信綱篇・昭和二年初版。

（12）ラテン語では現在不定法は esse であるが、完了不定法は fuisse となり、古典ギリシャ語の φύσις の 'φυ-' という語根と同型である。

（13）　上に引いた『羅葡日対訳辞書』（*Dictionarium Latino-Lusitanicum, ac Iaponicum*, in Amacusa, 1595）（勉誠社、一九七九、五〇四頁）によれば、objectus の項には、第一義として Muconi aru coto（「向こうにあること」）があげられ、第二義として Cocoroni qizasukoto（「こころにきざすこと」）があげられている。これもデカルト・カント以前の「スコラ哲学」の用法を写す事例として興味深い。すなわち、「向こうにあるもの」は自己の外において「向こうにあるもの」であるとともに、自己の中で自己に対して「こころ」に写る「心象事象」である。これを「主観的なもの（subjektiv）」としたのはカントである。

（14）　イエスのゲッセマネの祈り（マタイ二六・三九、四二、マルコ一四・三六、ルカ二二・四二）参照。

加藤 信朗（かとう・しんろう）

1926年東京都に生まれる。1950年東京大学文学部哲学科卒業。上智大学文学部教授，東京都立大学人文学部教授，ケンブリッジ大学客員研究員，聖心女子大学文学部教授，ペンシルベニア大学客員教授を経て，現在，東京都立大学名誉教授。聖心女子大学キリスト教文化研究所・公開ゼミナール講師。

〔著訳書〕『初期プラトン哲学』（東京大学出版，1988），『ギリシア哲学史』（東京大学出版，1971），『哲学の道』（創文社，1997）『アウグスティヌス『告白録』講義』（知泉書館，2006），アリストテレス『分析論後書』（アリストテレス全集 第1巻，岩波書店，1971），アリストテレス『ニコマコス倫理学』（アリストテレス全集 第13巻，岩波書店，1973），『共生と平和への道』（共著・監修，春秋社，2005），『キリスト教と日本の深層』（共著・監修，オリエンス宗教研究所 2012），他多数

〔平和なる共生の世界秩序を求めて〕 ISBN978-4-86285-158-1

2013年6月25日 第1刷印刷
2013年6月30日 第1刷発行

著　者　加　藤　信　朗
発行者　小　山　光　夫
製　版　ジ　ャ　ッ　ト

発行所 〒113-0033 東京都文京区本郷1-13-2
電話03(3814)6161 振替00120-6-117170
http://www.chisen.co.jp
株式会社 知泉書館

Printed in Japan　印刷・製本／藤原印刷